JN117349

若狭路文化叢書　第十六集

大和田

安政・慶応・明治

敦賀湊北前船主

日記

若狭路文化研究所

協賛：(公財)げんでんふれあい福井財団

発刊にあたって

若狭路文化研究所からの初めての刊行物として、この『敦賀湊北前船主　大和田日記』を上梓することができたことを嬉しく思います。若狭路文化研究所は、若狭路文化研究会の活動を引き継ぐ組織として、同研究会のメンバーを中心に二〇一五年に立ち上げ、本格的な活動の前に、同年十二月に敦賀市の葉原小学校から美浜町菅浜の廃校となった菅浜小学校に古文書修復工房などを移転しました。二〇一六年二月に、研究室と修復室及歴史学・民俗学を中心とした専門図書室を設けて、地元菅浜区の方々を招待してお披露目会を行いました。また、菅浜区のわくわく協働隊のみなさんの協力を得て、日本で最も著名な雁皮出荷地としての歴史を復活するための雁皮栽培への取り組みを行っています。

若狭路においても、少子高齢化によって消滅する集落、学齢期の児童がいない集落が出現しています。若狭路文化研究所の前身である若狭路文化研究会は、急速に変貌する若狭路の民俗と歴史を記録して次の世代に伝えるために、民俗学の金田久璋さんを会長に設立され活動してきましたが、『氣比宮社記　上・下巻』を出版し、二〇一九年度末に活動を終了し、二〇二〇年度から若狭路文化研究所に全てを移管しました。当初は、二〇二〇年度にキックオフ講座を予定していましたが、折からのコロナ禍で実施ができず、美浜町教育委員会の援助を受けて、九月になってやっと美浜町郷育プログラムの一環として実現化し、研究所の看板も掲げることができました。時を同じくして、重要文化財に指定された旧大和田銀行（現在、敦賀市立博物館）の創業者で、朝鮮牛の輸入など敦賀の経済発展に大きく寄与した大和田荘（庄）七の本家である荘（庄）兵衛日記の外に初代荘（庄）七の新たな日記が発見され、この日記を含めて、敦賀湊の廻船主であった大和田家の日記を翻刻出版する計画を立てました。幸い、公益財団法人げんでんふれあい福井財団から、出版費用の助成を受けることができました。今回は、安政三年から明治七年までの期間に遺された日記の翻刻出版となりましたが、明治二十三年までの日記は、翻刻作業に膨大な労力を費やさなければならず、さらに時日を必要とします。次巻の刊行に間が空くのは止むを得ませんが、地道な翻刻作業を続けていきます。

発刊にあたって

空襲によって市街地が壊滅した敦賀にとって、北前船の史料は、高嶋屋文書や網屋文書、疋田の襖の裏張りから出てきた吉田屋伊兵衛の記録などがありますが、多くは失われてしまいました。北前船全盛期の船主の記録として、この大和田日記は貴重な史料です。また、敦賀の町を支えた商人の記録として、町の運営をうかがえる史料であり、小浜藩主が町民と松原で酒宴と照葉《てりは》狂言を行っている記事など、文化を伝える史料でもあります。敦賀の地域史料として極めて貴重な記録です。今後の研究の進展に資するものと確信しています。

二〇二〇年度は、多くの国民と同じく、コロナ禍での取り組みを強いられました。集まっての翻刻作業ができなかったので、古文書解読のクラスターを形成しました。私の face book で敦賀（女子）短期大学の教え子たち、若狭路の市民の方々を中心に翻刻作業へのボランティア参加を呼びかけ、メールで添削指導して原稿化しました。東北、関東、中部、北陸、関西、四国に居住する二十一人の教え子や、九人の市民および賛同者が、極めて難読な文書の解読に取り組み、努力を傾注していただきました。

本文の校訂と解題は、敦賀市立博物館学芸員の坂東佳子さんにお願いしました。従来より、この大和田日記の史料的な価値を高く評価し、博物館紀要に日記の一部を翻刻掲載されていて、大和田日記を最もよく理解できる方です。多忙な本務に加えての作業はご負担の大きかったことと推察します。

大和田日記の本文は、原文にできるだけ忠実に翻刻しました。変体かなは仮名に直しましたが、旧字や俗字、異体字や合字はそのままにしました。それぞれの行や文字の配置もなるべく原文通りとし、原文の一冊ごとに一頁づつアラビア数字で頁番号を表記し、原文と翻刻した文の対照をし易く配慮しました。また、本文頁の上部に、その頁に掲載した年月日を表記して検索が容易にできるように編集しました。

翻刻に参加いただいた多くの方々の熱意と、公益財団法人げんでんふれあい福井財団のご支援に改めて感謝申し上げるとともに、本書が今後の北前船や若狭路地域の歴史・民俗研究にご活用いただけることを期待します。併せて、二〇二〇年度からは、歴史学研究室、民俗学研究室、民具学研究室、映像・画像資料室、資料撮影室、古文書修復室および専門図書室を曲がりなりにも設け、地域の歴史民俗遺産を次世代に伝えるため人材育成にも取り組む若狭路文化研究所に、ご支援とご鞭撻をお寄せ頂ければ幸いです。

二〇二一年三月

若狭路文化研究所々長　多仁照廣

目次◆敦賀湊北前船主　大和田日記

表紙・カバー画「千石船」（敦賀市立博物館所蔵）

解題
敦賀湊幕末の大商人・大和田家とその日記について

敦賀市立博物館学芸員　坂東　佳子

一　大和田日記と大和田家

平成二十九年（二〇一七）に建物が重要文化財指定された敦賀市立博物館は、近代の敦賀商人二代目大和田荘七によって明治二十五年（一八九二）に創業された大和田銀行本店本館の建物を利用した博物館である。創業者二代目大和田荘七の事績については、重文指定に向け敦賀市によって行われたある程度の調査研究の成果（1）があり、荘七が築港を指揮し、外国交易の道を拓き、敦賀の近代化を推し進めた立役者であったことは疑う余地はない。しかしその荘七の前に、敦賀の政治経済はもちろん文化振興の分野においても激動の幕末から近代への橋渡しを行った敦賀商人の筆頭、初代大和田荘七と、彼にとって本家当主（2）にあたる大和田荘兵衛については、現在まであまり知られていない。（3）その彼らの動向の一端がうかがわれる史料が、本誌に翻刻された日記類である。大和田荘兵衛日記は平成六年（一九九四）に敦賀市立博物館に寄贈された「大和田みえ子文書」中に、安政三年（一八五六）から明治二十三年（一八九〇）まで、欠けている期間もあるが計二十一冊が所蔵されている。そして今回本誌に新たに翻刻され収録された二冊が、個人所蔵にかかる新出史料である。表①にこれを含めた日記一覧表を示す。翻刻の状況について、表①のNo.1・3・5～9までが既に発表済である。（4）今回は新出であるNo.2・4を、若狭路文化研究所で呼びかけた有志の皆様が翻刻するのに伴い、改めてNo.1・3を校正し直した。つまり本誌には表①のNo.1から4までが翻刻され収録されていることになる。

表①大和田日記一覧

No	日記仮表題（所蔵者※表記のないものは館蔵）	書始め～書止年月日	市史目録番号（備考）
1	安政三年　日記	安政3.10.17～安政6.3	103
2	慶應二年　日記　（個人蔵）	慶應2.3.10～慶應4.1.4	(新出)
3	明治三年　日誌	明治3.10.5～明治3.12.21	524
4	日記帳　（個人蔵）	明治7.1.1～明治7.12.29	(新出)
5	明治七年　百事日誌	明治7.10.20～明治8.1.13	
6	明治八年　日誌	明治8.2.1～明治8.6.30	104
7	明治八年三号　日記	明治8.11.15～明治9.1.31	565
8	明治九年　日記　第一番	明治9.2.1～明治9.6.17	105
9	明治九年　日誌　第二番	明治9.6.18～明治9.12.14	106
10	明治九年　日記　第三番	明治9.12.15～明治10.4.30	107
11	明治十年　日記	明治10.5.1～明治11.3.31	108
12	明治十一年　日記	明治11.4.1～明治11.12.31	109
13	明治十二年　日誌	明治12.1.1～明治12.12.31	110
14	明治十四年　雑誌	明治14.1.1～明治14.12.31	112
15	明治十五年　日記	明治15.1.1～明治15.12.31	113
16	明治十六年　雑誌	明治16.1.1～明治16.12.31	114
17	明治十七年　日記	明治17.1.1～明治17.12.31	115
18	明治十八年　日記	明治18.1.1～明治18.12.31	116
19	明治十九年　日記	明治19.1.1～明治19.12.31	117
20	明治二十年　日記	明治20.1.1～明治20.12.31	118
21	明治二十一年　日記	明治21.1.1～明治21.12.31	119
22	明治二十二年　日記	明治22.1.1～明治22.12.31	120
23	明治二十三年　日誌	明治23.1.1～明治23.12.11	121

さて、この日記類の概要を知る手がかりとするため、大和田家について簡単に述べておきたい。

敦賀に来る以前の大和田家は何処にいたのだろうか。元々福井市大和田(東藤島村大和田之庄)出身であったが朝倉氏の滅亡とともに逃れて来敦し、桶屋(大和田家家号)を営んでいた者に匿われて町人となった。あるいは越前市(武生)文室地区の五皇神社の宮司の家系であった。などという話が伝わっているが、敦賀で商売を始める以前の大和田家については、これを示唆する史料は現在まで確認されていない。博物館が所蔵する大和田家に関する資料中、年代が一番古い借金証文が宝暦九年(一七五九)であるため、[5]この頃前後に来敦し経済活動を始めたと見るのが妥当だろう、寛政期(一七八九〜)より船問屋をはじめたと言う。[6]初代から五代[7]までの大和田家当主については未詳だが、大和田家を語る上で欠かせないのが六代からである。

六代荘兵衛はまたの名を正祐・庄(正)助と言い、隠居後は豊商と名乗る。法号は福壽院である。天明三年(一七八三)に生まれ、大坂で奉公した後、文化四年(一八〇七)、数え年二十五歳で大和田家の養子となり、文政元年(一八一八)、三十六歳で家督を譲り受ける。商人仲間や周辺村落への金融と、船宿の経営、さらに北前船によって運ばれた穀物や鯡等の相場で相当の財を成す。寛政頃より少額は融通していたようだが、六代が大和田家に養子に入った後に、藩の要請に従い本格的にはじめたのが調達金の取扱いである。調達金とは藩財政を補填するため領内より調達されたもので、低利ではあるが返済を原則とする。但し年々返済が滞り、かわりに藩からは扶持米や町人の身分序列である格式を下し、地子免除などの特権が与えられるようになる。元禄期(一六八八〜)より始まり明和の一揆(一七七〇)で中断された時期もあるが、寛政五年(一七九三)以降は年々賦課されるようになった。これに応えたのが、大和田をはじめとする北前船交易に進出し始めた新興の敦賀商人達である。荘兵衛も文化九年(一八一二)に千両を調達したのを皮切りに幕末には町人の最高位「打它格」を命じられるまでになる。この家格の上昇は献金だけではない、商品経済が発達した江戸時代後期において、財政難の藩にかわり、飢饉や災害時の社会保障的役割を担っていくのもまた商人達であった。六代荘兵衛も天保四年(一八三三)に飢饉で苦しむ人々に他の商人達と協力して粥施行を行った。天保八年(一八三七)には小浜藩の融通方を命ぜられ、調達金集めの中心となる。文政十三年(一八三〇)には米手形会所の用達十五名中の一人に命じられる。弘化二年(一八四五)に六十三歳で隠居し、八十七歳になる明治二年(一八六九)頃まで存命だったらしい。

六代から家督を継いだ七代荘兵衛は、村田家(四十物屋)からの養子で、またの名を理助(理介・利助)と言う。隠居後は豊徳と名乗る。天保九年(一八三八)頃から安政二年(一八五五)まで当主となり調達方を引き継ぐなどしている。但しその間も六代が存命で、その隠居後(弘化三年(一八四六)

も七百両もの調達金により一代限り七人扶持を貰い、本誌掲載の安政三年日記にも度々「隠居」として当主（八代荘兵衛）にかかわり米手形会所に出勤し、金融も行っている様子が書かれていることから、どうやら六代は、没年近くまで大和田家を仕切っていたのではないかと考えられる。

二　八代大和田荘兵衛

七代より家督を継いだのが、本誌に掲載された日記の主なる書き手、八代荘兵衛である。天保二年（一八三一）に生まれ、幼名は虎之助または士隆、安政二年（一八五五）、二十五歳で家督を相続するまで荘吉、後年は豊平、明治以降は修平とも名乗った。祖父の代から続く融通方は幕末まで引き継がれ、文久三年（一八六三）三十三歳の時には嘉永五年（一八五二）以来の調達金が合計で三千両となり、十五人扶持が加増され、合計三十二人扶持となる。藩財政の窮乏にともなう敦賀商人における扶持人の増加は、幕末には四十三人[8]にまで達していたが、その中の最有力商人であった荻原氏（高嶋屋）に続く融通方となる。文久二年（一八六二）には金ヶ崎台場の建設費用一切を負担する[9]などし、慶應元年（一八六五）には永代十人扶持と、敦賀町人の最高位「打它格」を得る。明治期には、次に述べる分家の大和田荘七と共に、政府が設置した通商司が管轄する為替会社・通商会社に参加し、汽船会社を設立するなど近代敦賀の政治経済の黎明期における中心人物として活躍した。明治二十四年（一八九一）一月、六十一歳で死去している。

大和田荘兵衛肖像画　1幅
絹本著色
明治24年（1891）11月23日
敦賀市立博物館蔵

三　初代大和田荘七

八代荘兵衛の日記中に度々「出店」と表記される人物が、大和田本家より分家した初代大和田荘七である。文政八年（一八二五）に伊東吉右衛門の六男に生まれ、幼名を小一郎と言う。引退後は豊方を名乗る。天保九年（一八三八）十四歳で大坂の木綿問屋に奉公し、嘉永五年（一八五二）二十八歳で（八代）大和田荘兵衛の妹婿となり、名を大和田荘七と改め分家した。先ずは木綿問屋から始め、嘉永頃には廻船業を営み、文久三年（一八六三）には荘兵衛と同じく藩の用達を命じられた。荘兵衛より六歳年上になるが、本家と協同して商売を繁昌させ荘兵衛が亡くなる前年の、明治二十三年（一八九〇）八月、六十六歳で死去している。荘兵衛と初代荘七が亡くなった後、明治二十年（一八八七）に家名を譲り受けていた二代目大和田荘七時代の到来となるのである。

以上をふまえ本誌に収録された日記について見てみよう。表①の№1にあたる安政三年日記は、八代荘兵衛が二十五歳で家督を継いだ翌年、「壹番日記」として書き始めた日記である。日記には公私共に様々な事が書かれているが、公務としては文政十三年（一八三〇）に開設された米手形会所に出勤している様子（たまに隠居《（六代荘兵衛）》が代理出勤）や、幕末に西廻り航路の安全性が危ぶまれ、荷物の陸揚げが増加し始めたことに関連し、再び注目された「舟川」（敦賀・琵琶湖間運河開削計画の一部）について、安政四年（一八五七）四月七日の項に、廃止されていた舟川を改修するため見分に訪れた京都の与力同心ら四十四人もの団体が三日に亘り滞在したことが書かれる。一方で家業にも精を出し、商人仲間に二、三百両の規模で金融をし、鰊をはじめ様々な荷物を取り扱う商いの様子も書かれる。廻船業も万事順調というわけでもなく、本家手船である幸得丸の航海を手配中、船員に関するトラブルがあったようだが、商人仲間と協力して解決している。閏五月八日には公務の息抜きに、嘉永年間（一八四八〜）に大坂から広まった、当時としては都会の流行狂言であったと思われる照葉狂言を見学している。

さて、この安政日記より七年程後になるが、表①の№2にあたる慶應二年（一八六六）から三年（一八六七）までの慶應二年日記と、№3を飛ばして№4にあたる明治七年（一八七四）の日記は、個人蔵にかかる新出資料である。荘兵衛日記は博物館所蔵資料として既に確認され一部翻刻されていることは先に述べた。実は、初代大和田荘七の日記については、敦賀の実業家天野久一郎（一八九四〜一九九一）が著書『敦賀経済発達史』において安政二・三年（一八五五・六）の荘七日記を引用している。(10)さらに敦賀の歴史学者山本元（一八七三〜一九四三）も日記を参照し郷土史の執筆をしていることから、その存在は分かっていたが、館蔵の大和田家史料には含まれておらず行方不明となっていた。今回はその日記が再確認され、本誌に初めてまとまって翻刻された。ということになる。大和田荘兵衛日記の一覧中（表①）に二冊、初代荘七の日記が混じることになるが、その重要性は言うまでもないため、今回ここに収録したものである。再確認されたどちらの日記にも筆者が明記されておらず、表記も同様の商売をする荘兵衛と似ており、一見するとどちらが書いたのか区別がつかないが、慶應二年（一八六六）四月十一日の項に「家内しげ・ます」との記述がある。「しげ（繁）」は初代荘七の妻で、(11)「ます」が後に二代目荘七の妻となる初代荘七の長女である。その他の記述も含め二冊共、初代荘七の日記と判断した。

大政奉還・王政復古が施行され、いよいよ幕藩体制が終焉する慶應年間に書かれた荘七日記には、藩主の交代や禁門の変などへの度重なる出兵により藩から「軍資金」が要求されたことや、この世情に関連し、敦賀を開港の候補とするため英国外交官パークスが視察に訪れていることが、慶應三年（一八六七）五月二十日の項の「御公儀様黒船参」とある。これ以降港には「異船」及び「アメリカ船」なども来たという記述があり、六月後半には兵庫開港についての触書などをそのまま写しており、荘七が転換する世情の変化に大きな関心を寄せている様子がうかがえる。慶應三年六月二日の項には幕府が蝦夷産物取扱いのため設置した箱館物産会所の公用船として、荘兵衛《（本家八代）》が造船を担当し、会所閉鎖後は本家の手船となった春玉丸の進水についてや、(12)慶應二年（一八六六）八月七日の項には、夕方からの大雨で発生した鳩原村の山崩れで、洪水警戒にあたっていた農兵隊（日記中には「野兵」）十六名が死亡(13)したことなどが書かれている。

表①のNo.3にあたる明治三年日誌は、八代荘兵衛が執筆したものである。荘七が廻船業をする一方、荘兵衛はこれと関連が深い公務として、幕府が設置した箱館物産会所を引き継いだ北海道開拓使敦賀出張所と、明治二年（一八六九）二月に通商司によって設置された敦賀為替会社に度々出向き、用達として資金の融通や抜荷の取り締まりを行うなどの仕事をこなしている様子が書かれている。

表①のNo.4にあたる明治七年（一八七四）一年間分の日記帳は初代荘七が執筆した日記である。明治六年（一八七三）に足羽県が廃止され、現在の福井県域となる敦賀県が誕生し、敦賀が県庁所在地となった明治七年（一八七四）、嶺北との交通の便を図るため、県は有力商人に汽船会社を設立させる。敦賀では八代荘兵衛と山本傳兵衛（網屋）が中心となって明治八年（一八七五）に設立し、これに荘七も参加するが、その準備段階の情報収集のためか、明治七年三月十九日の項には出張の傍ら瀬戸内海で蒸気船に試乗し「誠に早」と感想を述べ、十月には同年五月に開業したばかりの大阪・神戸間の鉄道にも乗車している。荘兵衛が県の依頼により町の行政に関わる一方で、荘七は家業の廻船業を行い大和田を支えていくが、十月三十日の項には、荘七の船である長寿丸と、本家の幸得丸が大時化で破舟したことを郵便で知ったことが書かれる。扶持や格式等の藩からの特権も無くなり、北前船もやがて鉄道にとってかわられるが、これらの変化にいかに対応していったかは、又これ以降の日記に書かれることである。

四　おわりに

以上、かいつまんで日記について述べた。敦賀の政治経済界の中心にいた二人の日記には、行政の動向や自らの商売について、さらに敦賀で起きた災害や珍事なども書かれる。これらを検討することで二代目大和田荘七の銀行創業へと繋がる、敦賀市民が心を寄せた言わば大和田ブランドを確立した二人の大和田の活動をうかがい、ひいては地方の近世商人から見た近代史の一側面を研究する手がかりを得られるのではないだろうか。

今回このような立派な書籍の形で大和田日記をご紹介出来ることを、関わった全ての皆様に心より感謝申し上げる。以後は何らかの形での翻刻事業の継続を願うものである。

注

(1)川村俊彦「概説二代大和田荘七略伝」・髙早恵美「概説旧大和田銀行本店建物の意義について」(敦賀市立博物館『研究紀要第二五号』二〇一一)

(2)ここでは関係性を分かりやすくするため「本家」「分家」と敢えて書き分ける。後の状況から適切ではないとの御指摘をうける場合もあるが、二代目大和田荘七(一八五七～一九四七)の生存中に出版された中安信三郎『北陸の偉人大和田翁』(以玉堂一九二八)にも荘兵衛家は本家との記述があり、この表現に差し支えはないと考える。

(3)『敦賀市史下巻』(敦賀市一九八八)に「大和田荘兵衛日記」が一部引用されてはいる。

(4)表①のNo.1「安政三年日記」が、敦賀女子短期大学多仁研究室(平成六)一九九三年度演習記録『敦賀地域の歴史調査報告(第五次)』において、No.3・5にあたる「明治三年日誌」・「明治七年百事日誌」が、同研究室(平成七)一九九四年度演習記録『敦賀地域の歴史調査報告(第六次)』において、No.6「明治八年日誌」が敦賀市立博物館『研究紀要第二四号』(二〇一〇)に、No.7「明治八年三号日記」が同館『研究紀要第二六号』(二〇一二)に、No.8「明治九年日記第一番」・9「明治九年日誌第二番」が同館『研究紀要第二七号』(二〇一三)において活字化されている。

(5)近年博物館で購入した資料で、六代荘兵衛が記し、掛軸に仕立てた家訓の上部に張り付けてあった借金証文である。以下参考翻刻「預り申金子之事／金拾五両文ノ字金也／右之金子者私家相求候ニ付御無心申上候所／歩なしニ御取替被下、慥ニ預り申所実正也／則来辰ノ四月中ニ急度返済可仕候則為／質物私所持之家屋鋪并蔵一ヶ所書入／置申候為後日之預リ證文如件／宝暦九己卯年十二月十三日／桶屋庄兵衛(印)／右近治良右衛門殿」

(6)天野久一郎『敦賀経済発達史』(敦賀実業倶楽部一九四三)四四五頁より

(7)当主の代については本誌収録の日記の書き主である八代荘兵衛を十代とするものもあるが、「八代目」と安政三年日記にも自ら記しており、他にも文書(大和田みえ子文書市史目録(57)「(安政二年五月一日)庄兵衛家督被仰付敦賀小浜披露進物等之覚」等)があるため、日記の執筆者を八代とし前後はそれに従って代を表記した。

(8)『敦賀市史上巻』(敦賀市一九八五)八八三頁(表一七一)より

(9)山本元「海邊御手宛」『敦賀郷土史談』(一九三五白水社)二三五頁より

(10)天野久一郎『敦賀経済発達史』(敦賀実業倶楽部一九四三)四三五頁より

(11)荘七の最初の妻は八代荘兵衛の妹だが、分家して間もなく亡くなった。しげは大和田本家の親類にあたる村田家(四十物屋)から嫁いだ後妻である。

(12)山本元「船小屋」『敦賀郷土史談』(一九三五白水社)二八六頁より、この時期荘兵衛が会所の公用船(魁丸・蛭子丸・大黒丸)の世話とその船宿もつとめていた。

(13)「鳩原水害殉難記念碑」(敦賀市立博物館『郷土の碑文』一九九六)五八頁参考

（表紙）
安政三年丙辰
巳
日記
霜月従

1
壹番日記　大和田豊平

十月十七日天氣
打它ゟ書状参り尤桃井此方両名前ニ而
則同道ニ而参り候處兼而之あめ権
金談掛リ一条ニ付御奉行江口様
儀峨様ゟ御内意之趣当時町老役山上宗助
義あめ権親類金談請印掛リニ付病氣
引候尓今本復不致何角御上御用向茂子細
勿論請印とハ乍申宗助義金子使い候ニハ
無之甚気之毒ニ存候事故内分ニハ候得共
両人ニ而取斗銀衆方事済可致様被仰
2
付候尤御上より歩金願ハ三分三厘之取扱ニて
聞済呉候様願ひ出有之候依桃井下拙両人
外々連中之元へ参り右ニ而聞済可申哉両人共ハ
御内意も有之事故遠消ハ難成と申届ヶ旁
噺致候處大半承知致依而近日集會為致
其砌（ママ）結定可斗積りニ御座候
十八日天氣
塩飽屋へ金百三十両かし右ハ鍋屋ニ而　鉄引当也
いそ源へ百六十両會所封と取替遣ス
昼後の印夷子講大坂庄七ゟ手紙来ル
十九日天氣
金弐百両天屋へ渡ス右ハ大坂ニ而出店　為替分
永平寺五十両證文の印ゟ戻リ
の印ゟ弐百五十両受取　市太夫より

證文受取

廿日雨天
鍵重へ五十両かし證文不参候

3

廿一日曇天　九月十七日相渡申候
永厳寺仕法講　金五拾両　立石や吉兵衛へ
掛金六両壱分五朱　〆庄七ゟ　申来り
大坂分
鍵十ゟ證文受取永厳寺仕法講鬮当リ
之處方丈頼ミニ付譲リ遣ス
藤吉京屋両人帰り申候
天屋ゟ預リ之鍵戻ス

廿二日曇天　出勤番隠居出ル
天屋夘八参リ蝋引当之口元金調遣ス
あめ権一件寄網五方ニ有之取扱
但三歩三厘ニ而済
御積方ゟ返状受取
天屋ゟ四十両受取但し蝋引宛之口
京六藤吉両へ江州行手間十七歩外ツ、渡ス

4

廿三日天氣
両人申参り返ス
米手形會所夷子講庄兵衛壱人参り申候
樅堂先生へ禮弐分五朱五匁遣ス

廿四日天気
今日御扶待米預ケニ相成

廿五日天気
角市へ酒壱斗香でん遣ス　松キへ同断
源太へ壱匁膳葛壱箱香でん遣ス
四与買物弐歩　木綿買物五十匁
屑政買物弐匁〆買物代壱両と五十匁出ス

廿六日雨
夷子講出入之者よび申候

5

廿七日天氣
桶長ゟ金十両受取外ニ利足請取

廿八日曇天
永嚴寺仕法講勘定寄
杉津七右衛門金談之事

廿九日雨風
の印へ金弐百五十両かし
沢市ゟ百両口利足五両二分受取
證文引宛共切替霜月先かし
三度外ニ五十両空かし大坂ゟ
水脊来ル
の印ゟ三両四匁受取但掛金也
6
晦日天気
四十七匁松太板代拂
百三十五匁利三右衛門利足請取
三両三分弐朱木引六右衛門檜木代拂
九両二分壱朱　鍋屋頼母子寄金受取
　壱分七厘
拾匁造用かり分渡ス河端へ
弐百七十匁　大工手間　一九十一匁　日用手間
外　　外三十五文

壱貫三百五十匁江戸屋安田莚代受取

朔日天氣

二日雨
大坂ニ而
出店ゟ為替飴屋徳蔵方へ金百両
相渡ス
月番西岡六兵衛へ相渡ス
四十物屋ゟ金百両受取
7
三日天氣
茶忠ゟ鯡残銀七十三匁外うけ取
荻原方へ井川頼母子請頼む
堺屋ゟ預リ有之亀甲かうがい壱本かんざし弐本
同人遺心ニ而善行寺へかし
出入勘定する弐朱ト壱匁不足相定

四日天氣
善行寺ゟかうがいかんざし受取
本郷庄左衛門たば粉五箱買取

五箱ハかし
五日雨天昼後晴
今日隠居ゟ金壱両もらい酒肴内
ニ而振舞スル右連中
左之通
8
本郷利八同利兵衛利三右衛門四十物屋
しほ𪜈近作田保庄大吉河端かゞ吉
土屋立吉油市桶長天卯
右之通壱人茂無断被参無滞相済

六日初雪降

七日雪荒
油市へ金百六十両かし請文請取
隠居ゟ三十八両受取
庄左衛門ゟ札百六匁受取
木綿屋庲七ゟたば粉預リ則諸仲
會所蔵ニ有之惣数善七改メニ参ル
今日金ハ不渡候

9
八日天氣
出店長濱ゟ大坂へ参ル出立
いづか殿證文金預ケ之所
銀預ヶニ致候ニ付證文出店へ為持
遣ス一油市ゟ五十両受取
出店ゟ十両受取今日帳面合判取ル
木綿屋庲七へ金四十両かし此引宛は
證文通諸仲會所蔵ニ有鍵預ル
才料へ金弐両弐分かし則請人
原六飴権歩金当月十五日切ニ
候處暫く延引頼ミ参ルの印𪜈助
たば粉十玉買代弐十五匁
　但し外

九日曇天
今日御奉行所へ参り兼而被仰付
候永調達高百両之處当十一月
ニ五十両上納可仕處井川様調達
10
口高弐百五十両五ヶ年済年ニ五十両

御下ケと指次願候所御奉行被仰候
ハ夫ニ而ハ指支候間矢張別ニ上納可致
旨乍併井川様五十両分早々御下ケ
金相成様御用人へ申遣し候間其積り
ニ可致被仰付候

十日天氣きのへ子
塩屋預り有之形替りぜん
隠居へ渡ス拾五匁月々商談
ニ出ス大善㐂助の印隣家かり
度申参ル

十一日
西岡篤二郎殿へ札六百匁かし
京屋佐兵衛今朝大坂へ甚六一条
11
掛合ニ遣し申候右路銀とし而
金十両為持遣ス
十二日雪荒
今日御積方原田様御出葛弐袋貰ひ
尚又明日八ツ時御用筋有之候間御奉行
江口様宅へ罷出可申致趣被仰越候右
之趣荻原西岡へ申遣ス

十三日雨荒
一拾匁お常へ蕪代戻ス　一拾匁弐歩どあん
　半切代遣ス
一今日米手形出勤番庄兵衛出ル但し昼迄ニ
而断申帰り申候
一御積方ゟ御用談有之江口様宅迄
罷出候處此度御上産物講集銀之内
是迄色々御入箇有之ニ付其方へ御かり入
ニ相成御返し之御仕法ニ難付依而右講潰ニ
及候間御時躰柄色々心配之筋も相掛
12
其上之事ニ而一向申出兼候得共此度小濱
敦賀郷中とも壱口ニ付六百五十匁之仕法
講但し四拾九人壱講分右取むすび
申度候間御用達融通方共壱口ツ、
加入可致様御願御座候
一尚又是迄休講ニ相成居候万人講

此度相談ニおよび候訳ハ戌年御取組之分
当冬ゟ起講ニ取斗候間相定通可相納メ
候事
一来春又々一講再仕法取組申度候間
是迄之通持札高三月ニ可相納事
一辰年御取組之分寅春満講ニ付
御割戻可相成分此度之内談相整
候ハ、当冬相納候銀高ニ少々増銀致
割戻之内へ割渡可申候来巳年冬ゟ
右相渡候銀高引残分五ヶ年ニ無相違
割渡可申候事
一来巳年ゟ新講并戌年取組之分三月五月
13
両度ニ無相違可相納事
右之通ニ御座候御積方被仰候ハ右之訳
押而申候ニハ無之候得共小濱在方世わ人
ゟ頼被出候ニ付右仕法ニ致候得は起講ニ
相成融通茂付候事故内談ニ及候間
一統相談可致様被仰候
一井藏御講掛金書付并ニ飯料壱両
受取帰り申候

十四日天氣
名子仁兵衛金十両かし引宛借家弐ヶ所
役印證文有之
一舞崎清兵衛参り山上ゟ被頼あめ権一条
ニ付元金返済可仕之所当時之山上色々懸リ
有之困入候間何と角勘弁相付呉候様と頼ミ
参リ依而此方ゟ御用ニ掛リ直ニ返答可致旨
申遣候
一同人ゟ頼ミ参リ候義ハ此度永調達分村方へ
14
過分参リ依而金弐朱丈手傳呉候様頼ミニ付
承知遣ス但し当霜月来霜月両度ニ弐朱
依而此度壱朱遣ス申候
一御積方ゟ被仰付候産物講之義ニ付祐
光寺ニ而御集合相談之上桃井同道ニ而御奉行所へ参リ
色々の訳御噺申上候處尤之筋故其趣
積方へ参り噺可申様被仰候間直様
申附蔵方御講方へ参り色々の訳ヲ候ハ、
近来風（ママ）景氣申上御願申上候ハ御用達
商人仲へ相加入可致旨御願申上候

得共御承知無之候飴屋一應相談可致旨
被仰候間明後々(ママ)十六日相談可致事ニ相定メ申候

十五日天氣
杉津長右衛門参金談御願ニ付断申候
且百両ト五十両ト弐口かし有之處五十両分
延引相願ニ付承知遣ス
一四十物屋ゟ弐百両受取
一御積方へ井川分例年五十両御下ケ之分
15
御断ニ相成候様押而相頼ミ候處成なら
されハ小濱ゟ返事可致候間廿二日大義
ならハ御下ケニ相成様取斗可申旨被仰候

十六日天氣
井川蔵掛金割合致申遣ス
但し壱人分六両弐分三朱三歩引出
右西野ゟ受取庄司分荻原ゟ取替ニ
相成
名子ゟ證文弐通受取
祐光寺ニ寄有之

十七日天気
一今日永調達上納五十両分千三百両
と利足分持次相済残り金受取但し御積方原田
様御出賀之砌
一井川蔵掛金山上ゟ受取庄司分ハ荻原
ゟ元替ニ相成
16
一三十両隠居へ但し油市へ渡ス
一五十両田保庄へかし
一弐百六十五両油市ゟ預り

十八日天氣
七匁四歩四厘田中半七持受代
一百両の印へかし
の印ゟ申参り候ハ同人ゟ来三月切賣渡ニ
鯡三百包賣付有之處右之鯡不足
故下拙へ賣り譲り申候間銀月々下拙ゟ
筥物相渡し可申積ニ致置候

十九日天氣出勤番隠居出ル

産物講極リ候ニ付廻状認メ相廻し
候義御積方ゟ被仰候間御陣屋へ被参リ候
桃井此方ニ而米仲へ申付候昼時帰リ
油市金八十両かし尤此間之三十両ト
都合百十両也

17
善行寺参り永覚寺ト四幅御影
かし替りニ御代様四ふく預り
郷方頼母子明日會勤可申之所指支
ニ付相延し候趣連中へ申遣ス

廿日七十両の印へかし
産物講於御陣屋ニ揃候致
下拙加入七分五厘ニ定メ申候
無量寺分四ふく御預御代様と入替かし

廿一日天氣
一京屋ゟ善行寺分拾弐両ト利足
受取四幅御影戻スツリ三朱利まけ三匁三歩三厘ツリ戻ス
一天屋ゟ四十両中村安金丸口へ受取
昼後御陣屋ニ而御講揃ニ出ル

廿二日曇天
一弐百両西ノ甚六へかし此引宛鯡弐百五十四包
預り越後や蔵ニ有り此方へ預り白子百三十本

18
今日昼後館ニ而安辰講會勤ル
掛金四百八拾七匁五歩掛ル

廿三日雪荒
御積方今朝出立昼後打它ニ而
安辰講勘定寄有之
一金七拾両油市へかし

廿四日雪荒
安辰講たんす預リ一出店帰リ
一京六帰り申候甚六仕込證文受取
外ニ⌒六書付受取合掛金壱条ハ

19
御扶持米預ケニ相成

廿五日

岡屋松忠へ安辰講当り銀渡し
中村屋ゟ右掛銀金と入替遣し通渡ス
米仲水江ゟ右請取帳并ニ網五拂
過銀受取　松屋岡半證文何れ茂
　帳箱へ入置
出店ゟ和泉嘉銀預ヶ證文
受取并ニ五百両之過金七十四両
和泉嘉受取書共受取也
掛屋ゟ安辰講之分郷方掛金六百五十匁
并ニ通預り
幸隆寺勧化弐匁外遣ス
京六ゟ露《(ママ)》銀過分受取
但し九両壱分五朱七十文
20
廿六日天氣
名かゞ屋七十五両三十五両證文弐通かし
右限月故切替させ候ニ付
沢市預り鯡数改哥七遣ス
九匁ト手間代
一弐十弐歩外ニ弐朱酒手右京六へ遣ス
一弐拾両隠居ゟ預り

廿七日
沢市へ三百五十両かし鯡引当
近江屋甚六ゟ預り之鯡八百六十六包分
弐十一匁七歩買取百両前かし致尤
引宛元利指引ニ相成事仲徳兵衛
甚六ゟ買取鯡其侭の印へ譲り
21
廿八日天氣
京佐十五両かし此引宛四幅御影預り
名子仁兵衛五両かし
天屋卯八参り甚六分三百両口鯡引宛
之内五十六両差引断之事
坂ノ下庄屋治良四良十両口当晦日切之事
大津屋善兵衛三十五両同断
一玉伊壱匁五歩弐厘引　玉川屋頼母子掛金残り
一かし乙三百八匁　一茶善百六十匁　一塩屋百六十匁
　大泉頼母子　同断　同断
一酒㐂百六十匁　一法ノ三右衛門才そく之事
　大泉願母子
一法ノ五右衛門才そく之事

一沢五白子代三十三本　此壱〆八百弐十八匁三歩七厘
　　八月廿日ゟ霜月迠歩付

22

晦日天氣
一新兵衛ゟ米代六十匁受取同人へ
　くれ代八分〇五厘渡ス
一京佐へ弐十三両かし
一出店百両かし一油市百弐十両かし
一弐十六匁弐歩五厘ぬし初頼母子掛戻リ受取
　此内十匁かゞ吉分かし
一坂之下五郎右衛門金子来月十五日迠
　延引頼候事
一大津屋分余座ゟ弐両弐分利足受取
一田保ゟ元金百両利足当十弐両受取
一三番町濱舟小家壱軒火事
　五ツ前時分ニ静る

23

極月朔日
一田保へ壱両壱分弐朱壱歩五厘利足ツリ戻ス
　證文壱通共
〆

一天屋ゟ甚六安全丸分三百両の印手形ニ而入
一能登屋へ右天屋ゟ之手形分かしニ相成
一大津屋へ替金弐朱かし

二日曇天
一甚六殿参リ濱蔵引宛ニ而金子
　かりニ被参候得共隠居様相談其上
　同人ゟ断申遣ス
一全伊方ニ而油市殿振舞

24

三日天気
一の印ゟ甚六鯡算用之事申参リ
　同人へ金百両かし
〆但し甚六鯡代之内五百両入六百両かしニ成
一弐朱大津屋分替金印の屋ゟ受取
　　十二月四日
　一西野甚三郎殿ゟ
　　田倉屋長兵衛殿ヲ以申来候
　　郷方頼母子かけ金何程と
　　此内山本頼母子三人之請
　　并金過上之所御引被下

残り何程望候哉此段
黒田ニ而御請取被下様
申参り書付遣シ可申候
〆
一の印ゟ三貫七百六十八匁五歩
甚六分鯡代残りうけ取

25
十二月五日雨降
一仲徳兵衛ゟ甚六弐百両口越後屋蔵ニ
有ふ与事内三拾本相渡し金子弐十両受取
但し札ニ而壱貫三百匁預り先方金子廻り之節
入替遣ス事
一今日郷方頼母子下拙取番立石屋
ニ而相勤入申候
一沢市ゟ證文弐通受取
一永厳寺上座施米ニ付米壱斗
ろうそく弐本札五匁茶料遣ス

六日
一出店六日ゟ七日迠おいし三年法事
一弥三次参り新五良田起仕法之事

26
七日雨天
井川新右衛門頼母子替弐朱掛捨之事
一郷方頼母子掛金西野分用ニ而
六百五拾八匁引と壱両弐分三朱二分余
受取右之金子ハ山本五右衛門頼母子
満會割合渡之内ニ而指引則
壱人前八両三歩之内壱両二分三朱余
引落候残り七両庄兵衛持参相渡ス
一今日西野方へ右持参之節相頼ミ
候様ハ兼而御取替被下候百七十両口
弐百両口右弐口之處少々延引ニ者
相成候得共御積方ハ一切相掛申間敷候
尤是迠段々御厄介ニ相成門故何賣
拂候而茂御難題ハ掛申間敷候間呉々茂
御案(ママ)心被下候様おいし殿申頼ミ候間
記し置申候

27
一濱右近方へ山本頼母子割合不足
金壱歩之處并ニ金寄帳面共預ケ
調被下候様申置候

一糸平ゟ買取之鯡先達而茶忠へ
賣付有之㕝今日同人へ相渡ス
右ハ惣高四百余之㕝の印仲間ニ而
の印ハあみ庄方へ相渡し則の印弥七殿
帳付ニ参ル
一天屋ゟ光徳丸五十三両請取
近印安全丸口利足之所へ十七両受取
一の印ゟ百〇六匁壱歩四厘右ハ京平ゟ買取
鯡中間質用渡し目不足分受取相済
以後銘々持ニ御座候
一油市ゟ證文持参明日金子五十両かし
呉候様申参り

28

八日雪荒
一油市へ五十両かし　一三百四十一匁
右ハ甚六ゟ買取
鯡代五百五十両差当
打返し上納隠居へ渡ス
一桶長殿参リ傳介分金子頼ミ参ル
一壱両壱分三朱三十三匁手前諸祝儀包

九日雪降出勤番千面之祝有
一壱貫目美濃屋傳助へかし
但し桶長受取
一沢市参リ近江屋甚六賣舟
一条ニ付此方かし之分五百両元利
越後屋蔵代金百〇五両都合
六百五両指引ニ相立九百五十両
ニ買取可申旨沢市へ返し

29

致候左候得は右指引ニ相立候時ハ
手取三百両斗之渡し金ニ相成也
右色々掛合相對定メ候則約束書写
約定一札之事
一安全丸乗尻壱艘　右之通此度手船乗尻有之侭
賣渡申候処実証明白ニ御座候
正ミ手取　船引渡次第代金約束之通り請取
代金九百五十両也　可申候依而如件
内五百両御借用金　賣主
同百〇五両蔵代金　安政三丙辰年　近江屋甚六
〆六百五両　十二月九日　證人
有金利足勘定之事　紅屋市兵衛
引残代金之義請取可申事　桶屋庄兵衛殿

外ニ改三百五十両　　口入　沢屋市左衛門
右ハ此度改而借用仕候約束也
一五拾両新屋弥市郎かし
受入塩㐂
口入多助
十日天氣
天屋卯八参り甚六舟一条咄之事
一舟ノ田保へ弐百両かし
一井川藏飯料割合夫々為持遣ス
30
右拾弐匁六歩四厘割合受取
一安全丸買取候趣右ハ天屋長兵衛卯八事
名前ニ而海川磯源持主に相成居候
ハ磯源ニ而甚六三百両かり有之ニ付右舟
同人方へ相渡し有之依而三百両磯源
方へ返済無之ニハ磯源ゟ舟玉相渡シ
不申候ニ付此方ゟ舟代九百五十両之内
三百両ト天屋長兵衛磯源名前ニ而手形
遣し候名面之覚
覚
一金三百両也
右ハ此度安全丸乗尻壱艘買受候所
実正也然ル申上ハ大坂表ニ而右舟玉并ニ
諸道具一切相改受取次第当ニ而此
手形引替ヲ以右金子無間違相渡可申候依而如件
安政三年丙辰極月十日　大和田
庄兵衛
磯野源兵衛
天屋長兵衛殿
31
右沢屋市右衛門方甚六代人ニ而如是引合
右之手形相認甚六代沢市へ相渡ス
一右ニ付天屋ゟ大坂ニ而甚六手代久七方へ参リ候
書状受取
十一日
一甚六舟買取申候一条ニ而今日京佐
大坂表へ受取ニ遣ス尤天屋ゟ之認状
為持甚六ゟ茂飛脚壱人参ル
京六方借路銀七両為持遣ス
32
一西野甚右衛門ふさ事唐仁橋観世

屋甚六隠居家へ移り諸道具
ハ西野ゟ渡ス祝儀してかまほこ三枚遣ス
一かゞ吉ゟぬし駒口十匁受取
一百両塩㐂岡半両家へかし
但し晦日切利足ハ壱両はまけ遣ス

十二月十二日
一金弐十両かき十殿　借用申度
申来リ候間
取替遣ス
一五十両の印へかし

十三日雨降
壱匁美濃屋傳助へかし
一百両甚六弐百両口持受取
一弐十両引合ひ緋百廿四包出ス約束
一百両松川長右衛門ゟ受取利スミ
外ニ四両三分弐朱ツリ壱匁弐歩五厘
33
十四日天氣
一弐百四十四匁六歩仲銀上納

一拾弐匁歩五厘同断
一十三日夜町奉行所ゟ申来ル
江戸いと姫様霜月十九日御逝去ニ付公方
様御忌服被為受依来ル十二日ゟ
十八日迠之間御停止申来ル
一六十四匁　永厳寺普山割合
一拾匁　永建寺佛事ニ付永厳寺ゟ
香でん遣し候割合
一八匁　福昌軒普請入用わり
一油市庄七大津ゟ手紙来リ
金百四十五両相渡此方ニ預り
一今日緋相庭弐十弐匁三歩白子ハ百六匁余
34
十五日天氣　出勤番隠居出ル
一弥三次参リ御扶持米預ケ高五十俵三斗二舛壱合
右御年貢米ニ持次ニ致則御預手形
同人へ相渡ス
一七匁九十六文浅井方へ右御奉行様
芝居行御誘之節入用わり
一三十四歩あたこ禮外ニ弐朱菓子料
一三十七匁薬禮外ニ壱歩菓子代也

十七日天氣
一會所半七義多病ニ付出勤茂
其時々滞り且ハ中番方御會所ニ而
一向受あしく依而此ひま遣し度
旨御勘定人ゟ御噺ニ付一統
祐光寺ニ而寄致いと遣し事ニ
相定メよく十七日年番此方御勘定
所迠返事致候
35
十七日天氣
の印ゟ五十両證文受取
十八日天氣
一甚六久七参リ夜前大坂ゟ帰リ
京佐ゟ手帋来ル十五日舟請取
旨申来ル
一大津ゟ下り金油市ゟ預リ之分
四十五両庄八へ渡し残百拾両ハ
入ニ相成
一八両弐朱ツリ五匁戻　三しま伊右衛門利足
十九日雪荒
一三拾両油市へかし
一十八日夜ゟ明日昼迠餅搗致候
右手間壱人前弐匁五歩ツヽ六人分
拾五匁遣ス
36
五十両利三右衛門へかし引宛田地證文
五通預リ但し安辰講名目ニ致
口入大工七左衛門へ相渡ス
一長沢甚右衛門ゟ作徳銀納之内
八拾壱匁請取
一極月十七日上田誠助方へ郷方頼母子
掛銀取ニ遣し候所利足付ニ而壱會ハ返リ
ニ先々會ゟ相頼ミ有之依而来年之
會迠相待呉候様御頼ニ御座候
一弥三次徳米差引勘定之覺
一六拾八俵　作徳米
三升七合七才　〆高
一五拾俵三斗弐升壱合　御扶持米
振替かし

一弐拾俵　　嶋屋
蔵米預ケ分
同断
37
〆百三拾八俵
三斗五升弐合七才
内百九俵　極月十九日迠
三斗五舛　之出高
同弐斗　五郎太夫分
まけ引
同弐俵　仕配給米引
差引残り
弐拾六俵弐斗〇八合七才かし
右之通勘定致書付遣ス
廿日天氣
一三両三歩三厘伊右衛門利足間違
分弥三次へ戻ス
一壱両弐分ツリ壱匁弐歩六厘戻ス坂之下利足
38
廿一日雪荒
一五拾両の印へかし證文なし
一今日御會所御保美日ニ而年番立合
一弥市良ゟ七十匁壱両米代之內へ受取
一弐十両徳市五郎太夫ゟ受取
一三十弐匁長沢甚右衛門ゟ銀納分
廿二日
一拾八匁質屋仲間割合弥右衛門へ
入七両弐分弐朱ト七十一匁外山本頼母子当座
配当三人わり入
一徳市村五郎太夫本物同地十八両三分
此度同人仕法ニ付相頼故四両追出し
都弐十弐両ニ致改證文受取高切此方所持ニ相成
39
一徳市村庄屋与右衛門此度庄屋被仰付候ニ付
仕法ニゟ金子かし遣ス右五両ハ本物
之證文ニ而利米壱俵壱斗請取事
拾六両ハ役印ニ而古證文指入引宛て
相成年々利足米無豊凶四俵ツヽ
請取事口入弥三治都合弐十一両相渡ス
一泉様同利足弐両弐分壱匁受取

廿三日雪荒
一出店ゟかし分五十両之内弐十両元入外ニ
四両弐分ハ四月ゟ極月迄九ヶ月五拾両之利足
受取
一沢市参り甚六金談之事
一四十両油市へかし
一拾両三分弐朱弐百〇四匁壱分六厘
の印米仲間分手尻受取

40

廿四日雪少々降
一糸平三百五拾両口掛合申候処来
巳二月迄延引可致様頼ミ候得共
其内融通付次第返金可申旨
申居候内裏ハ観世屋㐂左衛門ニ而
則引当身欠鯡共糸平藏ニ有之
右代呂物捌不申故右之次第
一仲徳兵衛へ弐百匁相渡ス外物也
一法ノ彦十郎ゟ利足三歩受取四月二日ニ遣ス
店元金巳正月三日かし
一法ノ三右衛門肥代残り候所へ弐朱内入

廿五日
一今日善七佛事致候ニ付寺ニ相頼原方へ
参ル同人へ四十八匁右預り金利足遣ス
一最左六太夫へ金三歩かし引宛ニ
田地證文預り

41

一三両弐分三朱七十七歩つね利足渡ス

廿六日雪荒
一三拾匁六分三リ惣問屋入用
一拾六匁右近行者様へ御膳但し三ヶ日分置行共
一拾三匁大乗寺清正公様御膳虎之助分
一六百文氣比様正月分燈明
一百拾弐文瀧本院灯明夷子様分
一弐百十弐文八幡様燈明
一弐両弐分ツリ七匁五歩越後屋五郎兵衛利足
一入弐両善行寺ゟ無量寺分利足四幅御影とう
一拾弐匁甲吉利まけ今ばん御代様入替
入壱歩木崎治良四良肥代一四両同人へかし
入三十両出店分

42
一京佐大坂ゟ帰り
廿七日雪降
入三拾両利三右衛門分
一弐分六十弐歩　大家頼母子か此金
　五幡吉太夫へ渡ス
入拾匁野上孫兵衛ゟ新五良分年ふ受取
入三匁弥三次米銀納
一四月廿一日北津内村入用渡ス庄屋へ
入弐朱壱匁坂ノ下五右衛門ゟ
　利足請取

43
廿八日天氣
入壱両弐朱右ハ質屋中間ゟ調達分下ル
　但し弐朱ハ利足
入七両郷方掛金今濱新太良ゟ内入
　百七匁
入拾弐両九匁壱分六厘右同断掛銀山上ゟ
　仲ノ権吉口入連印
一弐十五両江戸屋へかし
一九十七歩鉄泊りちん内伊助手間十匁
　友郎へ五匁
一外ニ弐朱酒手遣ス帋入ゟ出ル
入拾三両弐朱ト弐百卅弐匁積立講取替分
　千秋原ゟ受取
入六両嶋寺油市両人ゟ蔵敷入
一七十五匁よしこ治良四良不延前かし
〆弐十匁同人ゟ縄代之内へ受取
一百両出店へかし右ハ天四為替分
入壱朱二歩丁持屋利足
一弐拾五匁舞崎郷銀中間まし給相渡ス
入弐分受取つり弐リ引去　法ノ五右衛門利足
　勘定尻

44
入五匁百才治良助帳代内入
入百三十両包金油市ゟ預り
一天夘へ甚六舟判書之相談する
一沢市参甚六かし付之一談
廿九日
入六拾両御積方下り金御奉行ゟ

一壱両壱歩松譚禮　一弐朱山高祝義
一壱両京佐大坂行手間酒手共
一壱歩おとへ遣ス五匁下女へ遣ス
一法ノ㐂右衛門かし付分当年茂不廻りニ付
　来八月迄延引願ニ付遣ス
　尤利足弐分七匁受取
45
一三両弐分坂ノ下五郎左衛門へかし
入六両大浅屋分甚六ゟ受取
入拾四両三歩六リ弐分隠居へ利足
入五両年ふ〆田保庄ゟ受取
入三両鍋屋頼母子掛金受取
入法ノ夘八金弐歩年ふ入
一七十七両二分弐朱沢市へ
　右ハ甚六舟代指引年尻勘定
　外ニ百両え手形右飴屋○甚六指引
　ニよつて飴屋名当ニ致手形と
　残百七十七両弐分五朱之渡しニ相成
　尤甚六證文仕込引宛分共
　一度ニ沢市へ相渡ス
46

安政四丁巳正月ゟ
七日天氣
御積方ゟ金弐分頂載右ハ旧冬安辰産物講
新調ニ付御世話申候所御禮としてもらい
但し荻原西岡此方桃井右四人へ
入七十両田保庄ゟ右隠居分預り
一拾両嶋寺田代へ渡ス
一拾八両右ハ旧冬油市ゟ大津下り
　百三十両之内拾八両嶋寺へ相渡申候
　此方へハ百拾弐両之入ニ相成
九日天氣
京ゟ麻生し帋下ル
西野へ利足才息之手紙右田倉屋ゟ頼ミニ付
同人へ渡ス
47
十日
近作帳面上書ニ行
十一日天氣
四十物屋棚卸見分ニ行当年四十両年延

ニ相見へ昼後田保舟祝ニ参ル

十二日雨降
入拾六両十匁四十物屋月ふ金請取
安田参り御會所中使い後役相談被
仰付近日集會可致様定メ

十三日
一弐匁六歩弐り岩田分御小物成惣代方へ納メ
48
一但馬屋ば丶死去申参り

十四日
一弐百両利足半年分拾両御積方ゟ
御下ケニ成分割合致夫ニ渡ス
壱人前弐両ツ丶
一鯡弐百匁江戸屋へ賣直ハ廿三匁九分
三月限へ仰渡候
入七百弐十両の印元〆
入弐十弐両三分弐朱壱歩ニリ　同人利足
入拾貫匁白子代之内入

此寄七百四十両二十貫匁蔵へ入
49
十五日天キ
儀峨源之丞様小濱表ゟ御めしニ而
明十六日小荷駄奉行被仰付候趣
今日江口様ゟ申参ル

十七日
の印ゟ白子代残銀御免札并ニ荒物
代受取

十八日
百壱匁壱歩油株役銀油市へ
遣ス　一但馬屋香でん酒五舛遣ス

十九日
隠居ゟ弐十両請取帳面かし付
分證文ニ而
50
昼後土屋方ニ振舞有之

廿日

伊東吉兵衛へ兼而願被出候御用達
一統掛り拾貫匁かし候處当四月
何程入銀被致候處尋申候所凡
弐貫匁ハ是非指入可申旨其
余ハ出来次第ト申事ニ候
一例年之通木綿屋仲間夷子講
太兵衛方ニ而有之右留主中ニ
舟町肝煎田保ゟ申来り義ハ
一向堂濱ニ而高崎屋方新造舟
出来候由右ニ付指支無之義以廻状
申参ル

51
廿一日雨降
右返事ニ田保方へ参候どうでも
壱統宜敷ニ随可申様返事致候
一荻原ニ而町奉行義峨様取替金之事
申置候
一仲幸吉舟大工舟屋五郎兵衛出入
之義頼ミニ来ル
一六拾両出店方へかし

廿二日
三匁五歩宕愛(下上)山あんどう(ママ)寄進
廿三日
飛脚證文改受取古證文為持遣ス
塩㐂へ孫八殿證文戻ス

52
儀峨様へ恐悦ニ出ル右ハ去ル正月十三日
小荷駄奉行被仰付候ニ付
一米手形會所へ中使之事申出ル
廿四日
弐十匁引安辰講分細嘉へ拂
廿五日上天氣
今朝出店登坂弐百両かし外ニ
舟判書新家屋預り舟賣券
右三通出店へ為持遣ス京佐道同
一仲幸吉阿蛭参百参拾三匁三分
一濱右近利足三月勘定迠延引頼参ル

53

一五両出店へかし　一百両介へかし
〆
廿六日上天氣
一安辰講勘定書小濱御積方へ申遣ス
一三百匁出店へかし
一二両三分壱朱油市替金
一壱両三匁塩㐂替金
一壱分弐朱五十川同

廿七日上天氣
一百弐十両田保へかし
一廿七日ゟ八日御祝兼而佛事スル
但し露莫善妙大姉百七迴忌
禅夢童子　拾七回忌
54
廿八日上天氣
一弐朱拾三匁有施
一五十本白子沢五へ賣去弐十八匁現
一三十両先金請取約定
一三両壱分七歩古河拂

一拾両出店へかし
一明後朔日御用之義有之ニ付
北御役所迠五ツ時ニ罷出可申
旨山上ゟ申来ル
一七百四十匁桶長へかし入弐十五両江戸屋分塩家ゟ
證文不参

晦日用事
米手形會所分
伊東利足取立之事
濱右近同断
55
一弐百五十両の印へかし
一壱貫弐百匁松鶴大小替致遣ス
入弐十両外ニ壱歩鍵十元利受取
入弐両善行寺ゟ永覚寺分利足
但し掛物三ふく預り之分戻ス
外ニ拾九匁弐歩利まけ遣ス
一弐十両出店へかし

二月朔日

入弐百八十両元金利足弐両壱分三貫匁
右糸平元利請取證文戻ス
一鍵十弐十両證文戻ス
入弐百八十両利足弐両壱分三貫匁糸平元利
弐十両たゝし三百両ニ而蔵へ入ル

56
今日御用有之則御上帳へ出ス
一三両三分弐朱糸平替金かし
入壱貫匁ミの屋傳助元金
利足壱分五朱ツ、二匁〇五り戻ス
仲徳兵衛但し先日舟清
一弐百包鮓賣付券弐十四分弐歩
三月十五日受渡し入金拾両受取
□□（虫損）ハ代呂物相渡次第引替受取事
入三十両沢五ゟ白子代先金うけ取
一弐十両出店へ舟行かし

二日曇天
一百両沢市へかし
一正野屋隠居死去ニ付酒壱本香でん
◎（銭）三十文御調遣ス

57
一近江屋甚六ゟ引宛之〆粕
百五十一本百三匁ニ買取元利指引
過金壱〆九百十七匁壱分三リ
右仲権吉へ相渡ス

三日雪降
一三両三分五朱糸平ゟ替金請取
一廿弐匁七歩七リ甚六拾貫匁目遠
相遣ス
一弐貫五百匁元銀百五十匁利足
今日御用達仕法預り元利今日
祐光寺ニ而勘定西ノ連中
口へ相渡ス
入五十両元金壱両弐分壱匁弐分引利足
右田保庄元利受取證文二通戻ス
壱本ハ五十両壱本ハ弐百両切替分

58
二月四日
金百五拾弐両てん屋ゟ請取
五日

一壱分弐朱八十文中村源太夫ゟ渡ス
〆
二月四日御召ニ而
一此度田保孫右衛門殿
　船道役被仰付候
　　町老ゟ申来ル

二月五日朝
一永厳寺弟子龍要様
出情廣免之為扇弐本
被下旦中廻り被成候
披露之御印ニ而御座候
凡代壱匁くらひ物
三匁斗返禮可致事

59
二月五日
安孫子治良左衛門殿ゟ
質屋仲間相談可致様
申來候得共佛事ニて
改申遣し候六日之ひると
申來候相心へ申事

江戸屋證文戻ス仲権吉へ
田中方御免札弐百十枚預り金弐両弐分
内かし
佛事御布施包ミ申候
壱分壱朱ト五十六匁也

60
永厳寺一さん
二月六日七日時ひじ
せん　　徳昌院三回忌無滞
ほう　　あひつとめ申候両日
輕申請候　共上々御天氣親類中
　　不残幷出入もの丁使
　　小若迠送り膳遣申候

七日雨風
一金壱朱龍世長老祝義遣ス
一弐両弐分三朱壱匁三分三リ算屋仲間
　　　調達廿四人わり
　年番弥右衛門へ相渡ス
一甚六ゟふゟ五百本買直廿四匁三分

61

八日雪小荒
一四十両油市ゟ預り
一田中御免札弐百十枚の印へかし
一の印ゟ三百両請取
一甚六〆鯡代之所へ拾五両前かし
　仲徳兵衛へ相渡ス

九日天氣
御免札百拾枚沢五へかし
同　百枚茶忠へかし
ふゟ五百本の印へ賣直廿四貫匁
一六十本白子原六へ賣百九匁
　四月切
一會所中使米屋利助へ被仰付候
62
十日天気
一壱貫弐百匁仲幸吉原六ゟ受取白子六十本渡ス
一三十五匁佛事手間　小高四匁
　拾人へ
一九匁お常へ戻ス

十一日天気
幸得丸乗出しニ付給金相渡ス
一三両舟頭佐兵衛　一三分弐朱めしたき壱人
一弐両ツ、知工
　親子　表三人へ　〆拾五両三分五朱
　若者　拾壱匁
一七十匁三人　外ニ
一百五匁片表　壱人前壱分ツ、
一八十匁壱人　大阪表之ろ銀
63
惣〆拾八両壱分弐朱十一匁
船頭京屋佐兵衛へ相渡ス
外ニ壱人前三匁ツ、此三十匁
右舟祝直しニ而遣ス
一親父治三良事今朝出立ニ而
大坂表庄七方へ案内旁遣ス
一舟頭方へ往来頼ミ参ル
一舟座ハ江戸屋方ニ而かし受申候
十二日雨風　初午
船道頭ゟ往来請取

右文面之写

64
船往来

　　　　　　　　船主
一弐百五拾石積一艘　　桶屋庄兵衛
　帆十七端　　　　　　沖船頭佐吉
　　　　　　　　　　　水主共五人乗

右之船為商買致渡海候条
船中乗組相改候處御制禁
之者無之候間津々浦々往来
無滞様預御指圖度候依而
如件
　酒井修理太夫領分
　　越前国敦賀湊
安政四丁巳年　船道頭
　二月　取里儀兵衛判
津々浦々　田保孫右衛門判
　御役所衆中

65
明十三日舟中壱統出立ニ付氣比宮
様へ幸得丸海上安全之ため

為御供奉獻候覚
一玄米三斗弐升　一御みき瓶子壱本
一口つと料壱匁
〆
右今日河端外記殿へ舟頭佐兵衛
為持遣ス

十三日雨降
今朝舟中出立
氣比様へ御供獻本郷利八下拙舟頭
右三人之者参社可仕候
　二月十三日　船中不残
　日柄能　出立致し候

66
十四日雪荒
　取済もの六両三分かけ金
当十六日　於平口方
一掛金は　浄蓮寺頼母子
五両三分弐朱　相勤り申候
　壱歩　持参可致事
　座掛もの花鬮五匁

一五日中
甚六ゟ本家利足何程是迄ニ受取
候哉尋参り申遣ス
一西ノ甚三ゟ弐百五十両口へ百両元入
　利足之内へ弐十両右弐口共受取
　又三両六歩利足不足分受取
67
十六日天氣
十七日同
しほ㐂金百両かし
御會所ゟ御奉行安倍様御出賀之趣
申参り勘定人橋本同断
一沢市ゟ百五十両請取
十八日天氣
一弐両三分三朱外ハ浄蓮寺頼母子
68
廿一日天氣
打它山上ゟ廻状参り打它方
ニ而相談之趣西岡林助殿ゟ
承り候義ハ
先年儀峨様へ之取替金之義
此度御てん役被成候ニ付何とか
訳立致度候得共何分手元
六ッケ敷其上引越ニ付人用
之金子茂一向六ッケ敷候ニ付右銘々
ゟかり入之金子ニ相こんじ
講相扱返済ニ及度旨儀峨
様ゟ之御噺打它ゟ御談ニ候
　当所ニ凡八九年斗御勤被游候
儀峨様二月廿六日小浜表へ
御引取ニ相成申候御暇申上候以上
69
此度当所御奉行様被仰付候
鳥居幾次郎様御越は
三月八日頃と被成候様なり
其節御祝義酒弐舛差上
可申事印是迄之通取斗
　　可致事
一此方手舩二月廿八日ニ

大坂表出帆可仕様申来ル
二月十八日出之書状いよ〳〵
幸得丸は此方之手舩
相きまり可申事
二月廿五日相改免申候以上
70
廿五日雨降
昨廿四日儀峨様へ土産餞別とし而
昆布壱匁袋三ツさし上申候
一御會所ニ而町方交易通場
改相しらべ米手形御奉行へ申上ル
一扶持米預ケ申候
一昼後矢崎ニ而月参講寄

廿六日天氣
御用達弐貫五百匁口勘定寄入用
百四十八貫匁近清へ拂十一匁
裕光寺席料為持遣ス
一壱朱近太佛じ香でん遣ス
71
一弐匁木崎服立はゞへ手間
一酒壱舛細幸死去香でん

廿七日
一御會所御奉行様安部様
之見舞進物則此度奉差上候
干かい廿いりこ一斤
二月廿七日 庄兵衛出勤申上候

廿八日雪荒西風
一御會所ゟ被仰出候田波蔵之義沢市へ
調べ相頼申候
入弐分弐朱笄屋中間調達之内へ
安孫子ゟ請取
入三貫匁茶忠鯡代へ受取
72
廿九日天氣昼後雨降
一七拾弐両三歩六匁弐リ 隠居へ預り分
相渡ス
一壱両三歩沢市替金かし
入五拾六貫匁九り沢五白子代残銀
入壱〆八百九十匁同断

入拾弐両弐分　五十本口同断
一七貫匁十一文ツリ
一廿六匁四リ御會所へ相返し
　四十弐両分御益上納
晦日天氣
丸屋百両かし
入弐百両沢市引宛口へ
73
入壱両三歩同人替金受取
一五両沢市替金かし
一弐十五両油市へかし
一百両飴屋蔵為替分出店へかし
一今日新川堀懸りニ付御積方
　柴田様御用人駒林㐂内
　様御出役御陳屋ニ而御泊り被游候
三月朔日天氣
御陣屋御両所へ御見舞ニ出ル
本金拾両出店へかし冊行
御用人御積方ゟ葛壱袋御到来
其為五分ツ、壱匁仲間へ取替
74
二日天氣
江戸神楽坂善黒寺ゟ到来浅草
新のり弐十枚田安殿ゟ御到来之はご板
壱枚比沙門様開運之御守
〆
嶋寺ゟ白弐百両金と入替遣ス
六貫匁御供料氣比様へ
三日雨降
四日天氣
例年氣比宮月并御供ふる舞
五日同
能登屋利兵衛こしき仕舞
75
六日雨降
御會所三月勘定外ニ交易通改
町方一統へ遣ス外ニ今日勘定元利

上納分四十四両二匁九歩五りん
一壱両弐分常宮様拝殿勧化原の屋仁右衛門
方へ遣ス
御土産　御用人駒林様　　　　西岡
葛弐袋　御積方柴田様　　　　此方
被下候　此度川ほり御用ニ付　同道ニ而
御越被游則御見　　　　中上候
舞献候　松魚拾本
御両所へ　同七本

76
七日雨降
一五十本白子沢五へ賣直ハ廿八匁六歩
五月晦日切仲幸吉
勿論鯡代残銀五貫六百匁余当
晦日ニハ急度請取可申應退也
一弐両鍋屋頼母子かけ金

八日天氣

九日天氣
干潟観音様実泉院開帳
ニ付観化頼参り右ハ殿様御守り
御本尊ニ而御上ゟ御触有之弐百疋分
寄進仕候但し荻原ハ三分壱朱也
右ニ付酒一舛葛壱箱貰ひ申候

77
一鯡四百包余江戸屋へ賣廿四匁
仲徳徳ニて三月十五日ゟ八月晦日迠
勝手分
一弐十両の印へかし外ニ六十両金白
入替遣ス
三月四日出
一金弐両三分　京佐ゟ申来ル
過金庄七へ遣ス様申来ル

十日天氣
一弐十七匁手残割木代出店かり分
戻ス
一弐十八匁御用達年中入用
安田へ遣ス
一四匁玉川屋かれ代出店へ
入七匁安田ゟ酒四舛分取替受取

78
館法泉寺方ニ而御會所参會
八ツ時ゟ出ル
安部様三月十一日小濱表へ
御帰り被游候則御暇申上候
京六ゟ申来候弐両三分ハ
百両之内金ニ内有之候
能登屋徳兵衛様御登
ニ付いつ嘉様へ口五百両
借用申事頼状遣ス
右之油買入ニ付入用
尤賣捌次第御返金
可仕候様申遣候以上
三月十日出立

79
十一日朝雪降
今日昼立ニ而御用人駒林様
御札奉行安部様積方柴田
〆三人様御帰国ニ相成暇乞ニ出ス
一此度はぜ之木御買人ニ付本郷利八
安田利左衛門両人へ百五十両ツヽ合
三百両御頼ニ相成則此方本郷
安田方へ噺致候處本郷方承知
被致安田へ跡ゟ御返事可申旨
申居候
天屋ゟ光徳丸永昌丸安全丸
〆三艘之所へ利足三十四両壱分弐朱
受取

80
十二日曇天
一鯡弐百包舟清へ相渡ス
一鯡四百包之内百包相渡ス三百包ハ
掛濟江戸屋
〆拾両三歩利足三歩替金沢市ゟうけ取
一八十両田保へかし
一拾四匁永建寺頼母子掛銀
右多助遣ス
一永建寺仕法講多助遣ス掛銀
拾三匁壱歩当會ゟ永建寺難渋ニ付
仕法相頼鬮当り之者ゟ掛銀取集メ
預り可申事ニ相成候但し弐両壱歩
札六十七匁

右当日集銀預り　◎（錢）七十一文

81　先御奉行二月廿六日御引取被游候御越被游候

三月十三日
儀峨様之代替り
御町奉行様鳥居幾次郎様へ
被仰付八ツ時ニ御越ニ御座候則
翌十四日町中肝煎御目見江ニ
被仰付此方ハ羽織袴ニ而御（目脱）見江ニ
十四日ひる前ニ被出申候格式之
禮ニ而定り有之候事尤隠居ハ
出不申庄兵衛斗ニ宜敷事
禮之通御祝儀遣し申事
　御酒弐舛
十四（ママ）日
一三十両出店へかし

82
十四日
一弐十両出店へかし　一拾両かし

十四日天氣
出店ゟ手帋来ル

十五日雨降
入弐十両の印当座かし分元利三匁受取
一六貫匁の印へかし
一昼後永厳寺へ初寄勘定
　百六十七匁割合掛ル

十六日天氣
拾両嶋寺銭代遣ス
一御奉行鳥井様ゟ御土産とし而
　葛弐箱ツヽ隠居此方両人へ貰ひ
申候

83
一今明両日大ずし方法事有之
一桶長方同断酒弐舛香でん遣ス
一昨年三月勘定百七十両分壱月
利足之金八年番ヲ以伺候處小拂
之内ゟ御下ケニ相成可申様荻原ゟ

申来り候
大阪ニ而出店
一瀬越七三郎為替弐百五十両
　天屋ゟ出店手紙持参申参ル
十七日天氣
一拾匁月并御布セ御明出ス
　鳥居様ゟ葛弐箱被仰付
　則洒弐舛為御祝儀奉獻候
　三月十八日朝御禮ニ罷出申候

84
三月十六日十七日上々天気ニ而御座候
大辻子彦兵衛姉義三回忌
法事被勤則香義ニ
金百疋此方庄兵衛両人ゟ
遣申候寺参外
　無滞相済申候
此度薩州表ニ而荏油
三百樽斗買入ニ付テ
先方へ　則大阪いつ嘉様へ為替金
利足　四百五拾両頼ミ遣し申候尤
共相納　右油賣捌次第相納メ
可申様　可申候様申遣ス此方少しも申し
遣し候　かまひ無之候印なり

85
一三百拾両は当所ニ而
　かし遣し申候此分八月一分
　利足相定メ右油捌次第
　請取約定ニ御座候則
　　請人塩芞　油屋市太夫
　　　岡半　今庄扇屋太助
十八日天氣
一三百五拾両四十物屋かし
一鳥居様ゟ隠居へ御土産
　貰ひ候ニ付酒弐舛持参ニ而御禮ニ
　出ル
一三ノ丸伊右衛門三拾両口利足
　壱両受取ツリ五歩三り戻改元金

86
　四月一日元かしニ相成
入七貫七十九匁七歩六厘舟清鮮代

内入
十九日雨降
入百両利足壱両丸屋元利受取
鍵證文戻ス外ニ弐両三分替金
遣ス
一臨海院仕法講多助遣ス
　掛金弐分為替遣ス

廿日天氣
丸清ゟ替金弐両三歩請取
七拾六匁辰年御會所百七十両口
利足壱ヶ月間違分受取
87
入三拾壱匁七十五文名子利足受取
入弐歩一ノ松助ゟ
今日烏居様へ禮ニ出ル
曰塩屋源助産卸シニ付酒弐舛祝儀遣ス
塩川問屋ゟ申出候義ニ付今日出雲屋方
寄有之

廿一日天氣七ツ時ゟ雨降
入弐十四匁ト壱両三分弐朱永建寺
　掛金集高入
一百六拾七匁永厳寺年分割合
　辰せわ番酒能登屋へ為持遣ス
一西岡ゟ隠居様八十之祝ニ付
88
大鏡餅壱重貰ひ申候
　弐ツニ而凡弐升五合くらい

廿二日曇天
入五十両出店ゟ
三月廿六日出立油屋市太夫殿
尾州油買入ニ付
　濃州きふニ而取かへ遣申候
正金三百拾両弐朱金ニ而
四百五拾両いつ嘉様
為替頼ニ遣し申候則
右油賣拂相納入可申様
申付遣申候
〆印置也

89
廿三日曇天
入壱歩拾六匁善行寺永印五両口
利足半分預り但し此引宛者
蓮名様四ふく御影預り有之候所
御代様弐ふくと暫く入替呉候様
頼ニ付入替遣ス

廿四日天気
一御扶持米預ケ

廿五日天氣
三百拾両油市へかし
百五十両の印へかし
〆四百六拾両内三百卅者蔵ゟ出ス
弥三次道同ニ而舞崎田地見分ニ行
90
木綿屋庲七参り兼而預り有之
たばこ袋入分手舟へ為積下モ
へ遣し呉候様頼ミ直ハ四歩五厘
尚庄司分ハ四月晦日切ニ頼居候

一廿五両出店へかし

廿六日雨降例年判形相済

廿七日天氣
一三拾両観ノ㐂左衛門へかし此引宛
西塩弐千俵預り鍵受取
一野嘉使御影堂前白ミ屋参り
鍋屋頼母し掛金当三月晦日切
91
之處野嘉方仕法中故七月迠
延引致呉候様頼ミ参り申候
右掛金ハ河清此方両人掛り也
入六両壱分弐朱天屋ゟ小新造分利足
之内へ請取

廿八日天氣
入壱両弐分百六十匁木崎治良四良
一糸平渡し緋三百包代当晦日取引頼ニ付之處閏五月迠
歩付ニ遣ス
昼後出雲屋方ニ寄有之右ハ賣問屋

方ゟ買問屋中間寄宿二軒ニ相分可申様
頭衆へ願出候ニ付則頭衆ゟ其義御談しニ付
壱統相談之上頭衆打它小宮山方へ其入訳
ヲ以不都合之段断申候

92
晦日用向之扣へ
一八百目五歩木綿屋清介米代
一五貫六百六拾匁五歩六リ　沢五緋代残銀
　外ニ百六拾九匁引二厘　正月ゟ
　　三月晦日迠
〆五貫八百卅匁三歩八リ
一茶忠緋代六貫三百匁斗
一同白子代五貫五百匁三歩九厘外ニ正月ゟ歩付
一八貫四百七十四匁二歩四リ　弐百包江戸屋緋代
一才許弐両弐分　一壱両三分三朱八百忠二月引分
一若ノ六太夫三歩　一七両弐分てん徳
一沢市利足之事
〆外ニ頼母子掛金取ニ遣ス事

93
晦日南風曇天
入三貫匁茶忠緋代之内へ請取

入廿両田保庄ゟ来迎寺分元入外ニ
　利足三両弐分弐朱取ツリ壱匁五歩五厘戻ス
入壱両八百忠利足内入
一四両法ノ五兵衛へかし口入多良太夫
　引宛家壱軒鍋印
入七百八十三匁五歩木綿屋清助米代
入八貫匁ヱト屋緋代内入
入壱分弐朱　永建寺分白忠分　一同断田保庄分
入四百両六貫匁の印ゟ
入四貫八百卅四歩五十四文同人白ら子代
入弐十一匁五歩十五文永建寺仕法講
　　造用立なハ為持遣ス

94
一廿匁曰紋助笥代京屋へ遣ス
入百両の印ゟ
入弐百五十介ゟ

四月朔日天キ
入三百廿五匁の印ゟ産物講掛戻分
入一弐十八匁法ノ助右衛門炭代
入八十匁産物講割戻し受取

二日天氣
濱市箱館へ出立届ケニ参り申候
三拾両大ガ半へかし
入五拾両出店ゟ受取
95
一観世屋魚屋㐂左衛門今日朝ゟ表之
戸しめひつそく致右ニ付此方ゟ
西塩弐千俵引宛ニ預り金三十両
かし付有之則口入人杉津屋三四良
行早速掛合申候処尤先方ゟひつそく
届ヶも無之かし付候日ゟわづか四五日
之間故たとへ届ケ候共受不申
致度應退可申様申居候
入壱匁利足元三分取ツリ三歩三厘戻スみの屋傳助元り受取
但し證文直ニ戻ス
今日八ツ時幸得丸入船首尾
能参り申候尤出店庄七上乗
是以機嫌よく当着致候
96
三日天氣
入拾三匁壱歩立吉ゟ永建寺分
掛金請取
一弐百五十両出店へかし右者
大坂ニ而瀬越七三郎為持分也
一五両京六方能登屋へ戻し金ニ付
一寸かし
行
四日天氣
昼後の印糸平同道ニ而舟へ
行
五日天氣
入五十両元金利足弐両受取ツリ六百七十文戻ス
但し證文戻ス外ニ百八十両口證文
切替申遣ス
97
来光寺證文切替古新取替遣ス
一打它仕法講有之右ニ付
講元ニ而者連中之中掛銀不参
之者有之ニ付渡し銀等不足
困入候間御上産物講同様

割下ケ被頼候
六日天氣　川堀ニ付
御用人駒林様御積方御両人
御陣屋へ御越被游候
四月四日
一金五拾五両　油屋市太夫ゟ
濱蔵入油実弐百俵預り

98
四月七日七ツ時河堀御見分ニ
京都ゟ与力同心上下
四拾四人御越被游候三ケ日
御滞留四月八日ニ当所御見分
金ヶ崎花城迠夫々御見
分ニ御座候夫ゟ舟ニ而不残
常宮へ御参詣御座候
上方与力分三人　塩屋㐂兵衛
四月九日　供廻り　針屋弥市郎
八ツ過ニ　供廻り　古銅屋弥市郎
御出立　同心弐人　松屋忠兵衛
被成候　外五人
供廻り　朽木孫左衛門
御掛付添分
以上
〆四拾四人

99
七日天氣
永厳寺方丈頼母子弐両ニ分
掛頼ミ来候則親請人之義者
本郷此方酒能登屋安孫子四人
ニ御座候
八日天氣
九日同断　御用人様へ
十日九ツ時庄兵衛
御見舞申上候
十日曇天
入四百八十一匁引分　江戸屋鯡残銀
請取
十一日西風

伊東ゟ御用達分壱貫匁預り

100
十二日雨降
一幸得丸廻舟当四月二日右
舟頭之義ニ付大坂表ニ而
色々間違ニ而京屋佐兵衛
宝来屋音吉両人之もめ合
有之候得共何分主人不居合
處ニ而彼是申立ニ而も約(役)ニ立不申
依而両人共敦賀表へ乗舟ニ而
廻り可申其上ニ而相定メ候様糸平
殿あいさつニ而則当所へ廻舟
然ル處宝来屋乙(音)吉義元来
内氣之者其母親おこへと申者
輪ニ不掛法外者ニ而常々心配

101
致候折柄其上右之一条ニ而母親へ
對し世見へ對し色々之心配ニ而
狂気致候ニ付右之母ニ此度之
舟一条ニ付是相成候様申居候ニ付
病気平ゆ之為此方ゟ色々心配
致当秋ニも相成候得ば増舟
拵舟頭ニ可致旨申付候處本人
始家内壱統㐂入紛候處
宝来屋ばゞ世見ニ而申觸候様者
音吉病気之義ハ京屋佐兵衛
并ニ舟中之者舟路ニ而ちよちやく(打擲)
致相成候ニ付若音吉事死去

102
致候得者京屋方命とり候
さすれハ我命ハ御上ゟ取貰ひし
抔専申立候ニ付京佐事并ニ
舟中壱統大井ニ立腹すでニ
宝来屋方へ参り事立可致様申
候得共佐兵衛義しあん之上相届〆
尤船頭役断申出候處此方ニ
おゐて尤ニ聞取則初發ゟ
能登屋利八殿立石屋吉兵衛殿相談
致跡替り舟頭錢屋吉兵衛
と申者相頼候處早速承知
致右ニ而万事都合能破れて
かたまる言わさも此事とかや

と壱統㐂悦めで度
103
出帆任順風ニ明十三日天社
吉日相定メ申候心一通也

十三日雨降
今朝立石屋吉兵衛殿舟頭吉五郎
連れ被参候
一伊東ゟ預り申候壱貫匁年番
荻原へ為持遣ス尤請取書者
右同人ゟ直様伊東へ遣ス事
頼置申候
中村藤五様ゟ御禮之
書状壱通弐匁五歩くらい
之くし箱申し請候
四月十七日
104
十四日雨曇
幸得丸
一売買仕切帳　五十枚
一金銀差引帳　五十枚
一判取帳　　十五枚
〆
一三両吉五郎跡金渡ス
一三拾弐匁歩藪入給金渡ス

十五日曇天　出勤番
一三拾壱貫八百匁交易いたし
入五百両受取
一三匁五歩木綿市掛物代渡ス
105
一弐拾三匁手残割木代九匁
出店ニ而加り今日戻ス善七へ渡し

十六日西風

十七日曇天
金百両内二朱八十両
小判十両　右之通預り置申候
壱分十両
尤預り書遣ス

十八日天氣
一拾五歩屑政鍋代遣ス
一八ツ時西野甚三郎殿死去
暮過申参り候
十九日夜見舞
為相遣し可申候
十九日雨降
106
一壱匁壱歩五厘右小津内村京詰
新掛り仲間給金割相渡ス
一甚三郎殿義死去ニ付下拙
月番江口様へ届ケニ参り申候
一西野方へ通夜見舞とし而
重組五重もちにしめしたし抔
遣ス
野送り四月廿日八ツ時雨天
葬式無滞相済候
香典寺参金百疋外
退夜料金壱両壱分
外ニ早朝ゟこしかき手傳兼而遣ス
右之通遣申候
107
一利三右衛門佛事ニ付香でん酒壱舛
遣ス外ニ寺参り三十文
一五匁五歩仲會所茶代拂
一四（外札）十五両大津庄米替金
の印へ渡ス
廿一日天氣
一幸得丸海上安全之為常宮様へ
御供献舟頭吉五郎参社
一幸得丸造用物一切遣ス
108
廿二日曇天
一七両三朱三分　一百拾五匁五歩廿文
右天屋あミ屋積荷運賃吉五良ゟ
受取内中口金之内三両渡ス
一白子三十本廿八包舟清へ賣付
申候仲権吉
廿三日雨降

一西ノ七日仕上香でん酒弐舛遣ス
一脇座切替之義年行司へ頼行
　尤出店とも頼ニ遣ス
　　中村屋　　高嶋屋
　舟年行司越中屋買取
　　桑名屋　　いそ源

109
一桶長へ米七拾俵賣付相渡ス
一沢五鮱代残銀四五日延引頼
　則権吉應退遣ス

廿四日天氣
一三拾五本白子廿八匁舟清へ賣
一五本〆粕廿四包舟清へ賣
一御扶持米預ケ

廿五日曇天
一とミチ白子弐十本江戸屋へ賣
一並白子拾本同断
一の印へ四百両かし

110
一三百両幸得丸中荷金吉五良へ渡ス
　の印ゟ四百両出金
入七百両吉五良へ相渡ス

廿六日雨降
一壱歩かんりう圖代渡ス
一外拾四匁お梅へ遣ス
入百五十両介ゟ入弐歩八匁の上孫兵衛
入三十五匁外ニ弐両壱朱利足大津屋ゟ

廿七日雨降
一大津屋へ證文戻ス
一立吉善光寺参りニ付金九十両預り
　置申候但し封之侭

111
　晦日用向扣
四月切分
一五十両安辰講　　利三右衛門
一百両口加印分利足　沢市

三月替分
一弐両弐分　　才許
四月切
一三十両　　㐂左衛門
一三分三朱二歩弐厘利足残　八百忠
一壱歩五匁弐歩八厘　玉伊　満會之義故
　會席取集勘定
　可致旨申居候
一百六十匁　酒㐂　何れ訳立可致事
一百六十匁　堺屋
　受大が半
一百六十匁　茶ぜん　跡日返事可申事
一三百八十四匁　余里
　沢五
112
一　茶忠
一弐貫四百九十匁二厘　白子代はら六留主中帰国迠
　紙代残
一九百匁　舟清受取済
三月十八日迠壱ヶ月弐匁
　此へ拾弐匁六歩

〆九百十弐匁六歩　白子代ヱト屋
入壱貫百〇五匁二歩六厘　同
廿八日天氣
一利三右衛門利足弐両三歩請取ツリ五歩八厘戻ス
一六両壱分弐朱永厳寺仕法講掛金
入弐歩お常分請取同断
113
廿九日天氣南風
一幸得丸出帆
一廿四匁外三十文にし浜丁ちんやへ舟行分拂
一弐匁能登燈爐建立ニ付寄進
唐仁野嘉ひつそく申参り候
晦日雨ふり
一出入勘定合判弐歩過上十七匁不足
一塩飽屋安田参り上田頼母子
　一条ニ付明三日すし松方ニ而相談
　可致間出席可致旨申参候
114
一京屋ゟ廿四両預り

四十物屋　大吉　河清　嶋寺　桶長
七左衛門　木綿屋　由兵衛　弥三次　出店
能登屋　鍵十　細幸　井政　弥兵衛
　小方分
多助　㐂助　弥市良　新兵衛
太右衛門　嘉右衛門　濱市　京屋
舟頭吉五郎

（一日なし）

115
二日天氣
十両三分弐朱四百拾九文御得益預り御會所
今夕六ツ過猟師町出火有之家廿軒
斗焼失

三日天氣
一塩飽屋へ廿本白子賣廿八匁
一伊藤治良助是迠取替有之金子右
引宛之會合株此度同人大坂表へ
引越ニ付かし付元利五十九両壱分余
外ニ金弐両遣し引宛之株買取ニ致
改賣券請取本人此方代人多助

116
同道ニ而年行司中村屋桑名屋越中屋
高嶋屋いそ源右五軒へ届ケニ遣ス
此方ゟ付替之義頼置候也

四日天キ
一五十匁壱歩茂兵衛白子代受取
一三十五匁よし給きん渡ス
一拾壱匁屑政鍋代
一弐十両出店へかし
　同請取
入壱貫百五匁弐歩六リ江戸屋白子代請取
入五百四十九匁二歩二リ同人同断
　出
入百廿四匁五歩打它仕法講かけ代
入壱貫四百五十四匁五分舟清白子代之内へ
三十七両預り

117
五日雨風
虎之助初節句ニ而方々ゟ肴もらい

候ニ付今日右之肴ニ而拾三四人斗
振舞
六日天氣
一五十両四十物屋当座かし
入三分弐朱八百忠利足残り
一桑名屋交易致遣ス
一上白子拾本并白子三拾本〆白四拾本
　舟清へ賣付相渡ス
一弐匁弐歩長沢分上河原湯立入用
　相渡ス
七日曇天暮方雨ふり
118
入弐百五十両の印ゟ請取
今日打它氏へ参り候處右用向
此度新川懸りニ付京都銀衆小林
ゟ頼ニ付金五百両借用頼段々
御頼ニ候得共断申候
一出店脇株譲りニ付此間仲間年行司
　持付替頼置候處壱統当期日ニ
舟手分集寄相談之上御頭衆
打它小宮山へ伺ひ有之候間御両所
ゟ返事有之次第為沙汰可申
旨行司中村屋申居候ニ付則乍序
打它ニ而右伺出候哉尋申候處打它
氏被申候様ハ何之事も出申不参
積被申居候
一兼而之金子丸山寺町殿分年ふ
119
ニ被願候分当七月迠ニ埒付可申
様被申居候
一弐匁壱歩七り長沢下河原湯立
　入用相渡ス
一出雲屋集會兼而出席番出し留メ
申付有之處今日ゆるし遣し候
連中江戸屋若吉半七〆三人
八日上天氣
一此日塩飽屋方へ白子弐拾本賣付候所
　はだんニ相成判書請取
入壱歩七匁釘与永建寺分うけ金

入壱歩かじて同断

120

九日天氣

昨日御積方ゟ書状参り井川蔵

御講かけ金急々相廻し可申様

則割合左之通

一高三拾三両弐分◎《銭》百七十文内拾両ハ

　弐拾両調達分利足引残り

弐十三両弐分◎《銭》百七十文五人わり

　　内壱両給料引

ニ而夫々へ申遣ス則壱人前ニ

四両弐分◎《銭》三十四文

入百三十弐匁舟清残銀受取

入　　　塩飽屋白子代受取

121

一取集弐十弐両弐歩百七文此方ゟ取替

　今日御奉行所へ指出ス

十日天氣

入弐朱壱匁六歩京屋利足残金受取

入九両六歩八リ西野山上京講掛金

取替分受取

十一日天氣

一三匁隣家分地子銀丁使へ事次

一拾壱匁吉ノ治良四良莚算用出ス

一六匁五歩角力札四枚場壱枚

一今夕松木栄助殿呼ニ遣し兼而

122

松木孫左衛門金鍋壱条是迠不埒

之一条噺合ニおよび其上御役坐へ

願可申候様届ケ旁申候處栄助殿

被申候様者段々之不埒幾重ニも御断

申上候実以是迠別宅致候茂孫左衛門

方不縁ニ相成候ニ者無之候得共行来

不致すでニ昨年養母死去之節茂

葬式供茂不致同名なのり乍居是之

次第漸く当秋寺之一義ニ付ふと

行来可致様ニ相成唯今ニ而者内入

致呉候様被申候ニ付何れ一たん之

養父故入家可仕積りニ候得共今少し

親類とも其噺合御坐候ニ付相談中

ニ御坐候乍併是非入家不致候而者
123
不相成何れ当月中ゟ来月之中ニハ
入家致御應退之趣承何と角埒合
相付可申間何分夫迠之扊相まち
呉候様頼ニ御坐候故承知致遣ス

十二日天氣
入四両二分荻原ゟ井蔵掛金取替分受取
今日井川掛金御奉行所へ頼申候
而書役増田権右衛門より請取書取
入三両木綿屋廉七ゟ預り葉たハこ
三匁相渡ス使長八
入壱両　一六十四匁八リ老母交易
124
一油市へ新蔵鍵かし右ハ外ゟ油実
買入此方蔵ニ而外此間預り候分ハ合致作
度旨申居候ニ付承知致遣ス
十三日日和

十四日日和
昼後土屋振舞ニ而松原行
十五日雨天
出店へ譲り株之義ニ付内分ニ而
打它へ頼申候
一拾三匁七歩弐リ余舟町地子銀
一六匁三歩弐リ余西濱地子銀
125
一西野源二郎土蔵諸道具之改
親類出る
一積立講前寄鋳仲會所ニ而
集会
一三十両外ニ壱両弐朱木綿屋権右衛門
かし付元利隠居より請取
十六日天氣
入七十五両油市ゟ請取引当
油実百七十俵渡ス使仲清助
一壱朱弐十弐歩西野風經永巌寺へ禮遣ス
一五両積立講かけ金

一拾両油市ゟ但し八十五両を都合ニ存候
126 一魚屋㐂左衛門へ三拾両取替
塩弐百俵たらす平山前他門藏
へ預ヶ鍵預り有之處平山方
㐂左衛門方へ金子懸り有之趣
ニ而此方㐂左衛門へ茂不届合鍵
致塩弐百俵賣出し候義承り候ニ付
早速口入喜左衛門ゟ杉津屋三良四良
口ヲ以平山へ申遣し候處理不人(尽)
之義申居候ニ付此方杉津屋召連れ
平山へ應退致候處同人茂一向
うそ斗申此方之懸り有之事
今日初耳と申候ニ付㐂左衛門へ又々
厳敷杉津屋ヲ以應退致候處
元来右金子借用之義平山と
127 同服ニ而致其後ひつそく致
候よく朝平山へ直ニ参り噺合ニおよび
平山より塩請出し候様ニ噺致
有之冣早今日ニ而ハ埒合相付候様

心へ候處もつて之外之義何分
平山と申者不人柄之義申立
手之浦(裏)返し候様之うそ斗
其場ぬけ之口上ニ而候間以上又々
應退ニおよび事柄ニより上邊へ相達し
可申積
一坂ノ下五郎右衛門より金壱両受取
128 十七日天氣
昼後仲會所積立講勘定寄有之
十八日南風雨降
一弥三次助四郎田地本物之義頼
申来ル
一舞崎治兵衛方へ小前判押落
之義申遣ス
十九日曇時々晴
由兵衛佛事ニ付銀壱朱香でん遣ス
129 廿日雨ふり

一玉屋㐂助方へ五拾両かし
引宛酒造鑑札預り口入杉津屋
一安孫子ゟ手持舟幸手掛金壱分預り
一㐂左衛門一条ニ付平山合鍵之壱条内々
山上氏へ噺致
一出店へ譲り株之義又候打它株へ頼置

廿一日天氣
一例年出雲屋常宮参り
一西野へ三十五両かし引宛預り大福帳ニ有
一塩飽屋十右衛門江戸行ニ付善国寺へ
書状壱通金弐朱返礼遣ス

130

廿二日
一舟清ニ而弐貫五百八十二匁白子〆粕皆済
請取申候
一今朝ゟにしの三十五つ仕立香でん
諸弐舛遣ス佛参同断
一平山一条山上へ噺可致届ケ候所可然様被成候ト申居候

廿三日天氣

沢五鯡代白子代之處及相退候壱条
一鯡代残銀五貫八百卅匁余有之處
右ハ限月約束両度茂間違外ニ
白子代有之是ハ当五月晦日切ニ御坐候
然ル處今日應退之義ハ昨日小濱表ゟ
御飛脚参り火急調達夥敷被仰候
ニ付甚心配当惑致嶋寺油店出店
両家共金子相廻し可申様尤当年ハ
手舟相廻し候ニ付莫大之金子入用

131

ニ付当節一向不融通之折柄右ニ大金
難のがれ調達被仰付と而も皆々上納仕候事
難出来候得共是非半分丈ケカ調ルハ(ママ)而ハ
難成夫ニ付貴家斗ニ而も無之外延賣分
之内へ夫々及應退候間何分一の御心配
被下融通相頼可申様申候得共今暫く
相待呉候様明日越川迠態人遣し候間其
者帰り候得者寄金有丈指入可申様申候
此方口上
御尤ニ者候得共何分左様之日間無之ゆゑ
之義故今明日ニ出来不申候而ハ申訳無之次第

故一向引宛之品御遣し被下候得者夫品ヲ以
安辰講積立講集金拝借致融通可申
候間暫くくり替之御義故引鬮被下候様申候處
何分態人帰り迠相待可申様若其せつ
金子不寄ニ候得共其砌引宛指入可申
候尤私方ハ仕配人之事故私侭ニは不相成勿論

132
親類共へ相談之上無之而ハ御返事も難成
様申候ニ付其義御尤かしら様共御支配人ト
あれハ御主人同様且つ商賣用ニ付暫く操替
ニ付引宛御遣し被成候而も左のミ御親類方へ御相談
被成候ニも不及様存候間是非此義ハ下拙当惑之
折柄すへて御頼可申間早々御遣し被下度候と
申候處左様成者親類之中村茂左衛門へ一寸相談
致早速御返事可申様申居候
一右ニ付早速唐仁橋町肝煎万十屋仁左衛門
方へ参り内々ニ而沢五方前家一向堂角蔵
并ニ居宅共判掛り無之哉尋候處何茂
無之様被申候左様なれハ下拙方ちと金談
掛り有之候而唯今相退中故若外ニ役印
申参り候共御押不被下候様頼置候處委細
承知致候様被申候右ニ付直様諸白
壱舛遣し申候

133
一右返事聞ニ下拙ハ弐時沢五へ参り候處吉兵衛
留主ニ而又々善七尋ニ遣し候處又候留主之様子
夫出村米吉宅へ参り候處明日返事可致旨
申居候ニ付直様かゞ吉殿相頼又々米吉宅へ
相退遣し候處今ばん直々親類中相談仕
御返事可申旨申候ニ付吉右衛門左様有之事
ならバ賄家之砌故御相談不調事なれ者其積ニ而
明朝御上表へ貴家入訳ヲ以御断旁御願中
可申候積り故調不調共今ばん五ツ時迠ニ
御返事可被成様申居尤五ツ時迠ニ御返事
無之候ハヽ、此方参り可申様申置候吉右衛門殿
被帰候
一壱貫匁原六白子代之内へ請取
沢五分
一其後七ツ時分善七ヲ以尋ニ遣し候處
米吉方へ被帰候様直様同家へ参り返事
為聞呉候様申候所明日迠相待可申様
申居候ニ付又々かゞ屋

134
同
一沢五方返事ニ付五ツ時分ニ相成候而茂
何之返事無之故吉右衛門殿被参候處親類
方へ相談ニ被参候間今ニ茂被帰次第返事
可致様申居候ニ付又々四ツ半時分迠相待
居候得共返事無之故吉右衛門殿又候沢五へ
被参候處沢五使断ニ参り親類共相尋
候得共掛違不合候間明朝迠相待
可申様申参り候

廿四日天氣
一今早朝かゞ吉殿米吉へ参り夜前之返事
承知候旨申出し候處米吉申候様ハ親類へ
色々相談仕候得共引宛之義ハ不承知故
致方無之候間余ハ御勝手ニ可被成旨申候ニ付
則其趣尤商内取組之次第委細山上
へ噺合致候所出願可申候早道之様子
135
申被居候間直様口上書認下書山上へ
相見せ改表向ニ而小宮山様へ出訴致
今日中ニ御奉行所へ御通達被下度旨
頼申置候
一木綿屋庲七殿丸屋江火鉢三對提重壱組かし申候

廿五日天氣
一弐拾四匁河端頼母子掛金桶長へ
一百七拾匁三歩八リ仲銀上納
一并物上物白子皆済安田へ賣百七十五表
入四十両油市ゟ受取
一安辰講前ゟ打宅ニ而
136
廿六日天氣
一百六拾七本白子安田へ相渡ス
一安辰講弐會目永嚴寺ニ而勤
此掛銀弐百六拾五匁実掛壱口半
当會鬮當り桃井孫兵衛安田利左衛門

廿七日天氣
一今日小宮山へ沢五へ御申付候哉尋ニ
出申候處一昨日早々埒合可致旨
申付置候尚明日又々申付候よしニ御坐候

一弐両弐分永厳寺方丈頼母子掛金
　掛入金伊宅ニ而
廿八日天氣
137
廿九日天気
一平山参り今日兼而之塩弐百五十俵
　賣付候ニ付相渡し可申候哉如何㐂右衛門
　方御應退相成候哉ととほけ顔ニ而
　尋ニ参り候間壱統も御手さし御無用
　ととめ置申候
一権吉参り沢五一条ニ付頼ニ参り申
　入壱貫三百歩茶忠鯡代内入
一四両弥三次口入田地本物預りかし
一安辰講跡勘定寄打它氏ニ而相済筆筒ハ西岡へ預ケ
晦日天氣
一権吉沢五一条ニ付度々頼ミ参り夫ニ付
　段及應退則左ニ致聞済遣ス
一八貫七百七十匁五歩右ハ鯡代残り元り
　　　　　　白子代〆高也
138
　此金　百卅八両四十三匁三歩八り
　　内拾五両金ニ而受取
　残百廿三両四十三匁三歩八り
　右相改金かしニ致則左之通
一百弐拾三両四十三匁三歩八り　但し通用金
　此引宛一向堂角ニ有之　　　利足引去
一土蔵壱ヶ所　　　間口
　代金八十両と定メ　奥行
　　　　　　　　　地面外明地面共
　　　　　　　　　町内民圖帳之通
一三拾五両と定メ　沓見莚三百廿束直ハ四七八
　　　　　　　　　大間縄百四十丸三三
　　　　　　　　　中間縄百四十丸壱九五
一金拾両　　　　　右ハ御上積立講掛込
　　　　　　　　　　金方屋右近指入置申候
　〆
右之通引宛ニ預り則閏五月晦日切
尤限月滞候時ハ引宛引取可申約定也
但し役印并組頭印親類受人尤沢五
御判米吉證文仲徳兵衛

〆夫々印形受取可申候約束也

139

一木綿屋孫八参り山上ゟ之使作権壱条
歩金段々延引ニ相成申訳無之次第
尤先達而道具市致候得共一向賣れ
不申ニ付金子不都合又々此度祭禮道具
外ニ賣拂勘定可致候間二三ヶ月延引
頼ミ参り承知遣ス

一平山方塩之義又々約定致候所賣先へ
昨日相渡シ候様乍茲承り應退可致
積り之處同人参り扨申訳茂無之次第
召使之者聞違ニ而先日賣付残百俵
可渡之所其分ハ不渡候而跡とめ置候分相渡し
何共赤面之到乍併右塩不都之金子者
代金成共塩成共都合可致様申居候
間夫々聞済遣し以来かたくとめ置候
入壱両壱歩利三右衛門利足受取廿両分
閏五月朔日元り極月限

140

一七拾六匁壱歩弐リ木崎治良四良肥代江戸方へ遣ス
治良四良此代此方ゟかし
一三十六匁屑政買物代遣ス
入九貫八十一匁安田白子代入
入拾五両沢五鯡代之内入也
一三十匁大工甚へ前かし
一弐分弐朱京佐米代遣ス
入壱分壱朱筥代二重渡し分受取
一幸得丸乗出しニ付諸雑用
持参金百両ト指引尻勘定書
受取
入七両弐分天徳年ふ請取
一沢五引宛證文四ツ時請取
五月廿五日朝出　沢五殿割引当物
五月廿五日　　掛合相済受取

141

閏五月朔日雨降

一沢五方済口ニ付加賀屋吉右衛門ヲ以
願さげニ小宮山方へ出候處委細聞取
候趣被申候處当月番山上ニ相成
候ニ付又々山上へ所願下ケニ同人出候所
今日は朔日之義故此方ニ承り置明日
御奉行所へ申上候間其上ニ而明日

及沙汰ニ候間其節禮ニ相廻り
可申様被申居候
一出入勘定致候處廿匁不足
ニ相成尤拾七貫匁百両蔵ニ入ル
朔日壱半時
一立石屋先達而預り申候金子才封
之侭嶋寺へ為持遣ス　五月朔日七ツ時ニ
其日ニ庄八為持遣申候
142
御上様へ御願ひ申上候
五月晦日晩相済　沢五一件
夫之引当請取則證文
受取申候　仲徳兵衛殿ゟ引合付ル
月番
小（山脱カ）宮様　相對及し候所甚六ヶ敷
厳敷掛合相済申候
閏五月二日天氣
一米手形御役所出勤番并月番
御箪笥西岡林助へ相渡ス
一殿様御国入ニ付御願被游候所御聞届ケ
有例之通御拝領物有之并ニ若殿様
御目見へ七月中ニ被成度旨御願出被游
此義御聞済御在国ニ相成候右ニ付
143
両御奉行所大目附様へ恐悦ニ出ル
三日南風雨荒
一山上氏ゟ御用向手紙参り沢五壱条
願下ケ之處今朝伺候所御聞済ニ
相成候段申来候
一昨日上中手舩幸甚丸入津
鯡あたりニ賣直ハ弐拾四匁但し金違
壱わり掛ケ五分五厘尚此方手舩
尚十七日ニ江指へ参り候趣申居候
一御奉行所始町年寄衆沢五
一条ニ仕事済返禮進物覚
尚又格式之者ハ肝煎之付添ニハ不及尚願所
月番斗ニ而外□□（奉行カ）役人へハ相廻り候ニ者
不及趣山上ゟ承り申候
144
御奉行

一諸白七舛宛　江口善左衛門様
鳥居幾治郎様
町年寄
一諸白七舛　月番
鰹節拾本宛　小宮山右内殿
直ハ八匁余り　山上宗助殿
一願書名当テ町年寄三人あれも殿付ニ而
宣敷候
一唐仁橋町肝煎饅頭屋仁左衛門
方諸白弐舛遣ス右ハ役印被致候ニ付
心づけ
一水江儀左衛門右ハ組頭印形被致候ニ付
諸白壱舛遣ス
一金弐朱　沢五ゟ之中人
諸五舛　紅屋権吉
右ハ先方ゟ頼候仲人故左ニ取斗

145
一手拭壱反
アイ位　加賀屋吉右衛門
諸弐舛
右ハ此方ゟ沢五方へ應退ニ遣し候尚願書認メ
もらい并ニ親類印形致もらい候ニ付かし
入七両木綿屋庚七ゟ内口元金受取

四日雨降
一壱匁幸臨寺勧化当秋ニ仕舞

五日雨
一壱両三分三朱庄町久左衛門す戸代渡ス

六日雨

146
七日天氣
一三両犬宮由兵衛取次小濱古河氏
へ遣ス右ハ野田先生屏風頼遣ス
一弐十五両杉津長右衛門へかし右者
郷孫八方入用ニ付頼ミ参り候得共断
申候所左之通

八日天氣　御會所振舞ニ而爪（ママ）刻
てり葉きよう言ニ行

九日天氣
入百両出店ゟ
十日雨天
江戸屋替り出勤番ニ出ル
十一日天氣
147
一常家舟白子角七ト白子仲間
割合壱歩都合弐拾壱本直ニ壱匁
之付銀ニ而の印へ譲り此銀四十弐匁三歩九リ
請取
十二日天氣　鳥渡時雨有
一杉津長右衛門金子之義申参り
候ニ付隠居へ相談之上断申遣ス
十三日天氣
十四日同大夕立有之
一天四藏地築ニ付手傳壱人遣ス

十五日同
一同人へ普請見舞加れ（鰈カ）壱枚
一伊東ゟ手紙参り先達而荻原へ
相頼置候仲間借用右之内金五匁
148
內入致候請取書此方ゟ呉候様
申参り候ニ付荻原へ尋此方ゟ
請取書遣ス
十六日天氣
一鳥居様へ御見舞ニ砂糖一斤
遣ス
一五匁木引手間
一五両弐分屑政買物代拂
一㐂左衛門壱件平山懸り塩壱条
今日表向口上願ニ而山上氏へ頼候
十七日雨天
一弐百両嶋寺萬庄へかし
善七替持遣ス
149

一百七拾三匁五分木村屋金四郎拂
一今日ゟ改錢相庭通用丁百文
御會所丁百壱文申来候
十八日雨降
一十七日夜大雨ニ而西邊少々出水
一板清小舟白子七十本余参り
四十物屋方ニ而直入壱番直入
同断廿五匁三歩迠相付候得共
出来不申候
十九日天氣
廿日雨降
一拾四匁五分半七糸代　一拾匁
此方祝儀
一三百八拾四匁仲會所白子入銀
150
一三拾九匁茶代七左衛門へ遣ス
廿一日雨降

一此度出店仕込江此方手舟仕配
出店ニ而可致候處木綿六右衛門問屋
小宿へ立入候ニ付右相やめ候迠不成
様申候ニ付右相やめ候迠此方ニて
仕配致依而今日年行寺(司)　中村屋　高嶋屋
越中屋　いそ源
桑名屋
頭三軒へ相届ヶ申置候
151
廿四日天氣
入三両三歩七左衛門よりらちまく
へり譲り代
廿五日同
廿六日同
一西野よりかたみ分とし而錦き
はち弐枚但し輪違ぎんなん
ねつけ壱つ到来
廿七日同夕方ゟ雨天

入百両嶋寺ゟ請取

廿八日雨天

入拾三貫四百九匁九歩四リ糸平鯡代請取

152
一糀屋舟入津ニ付手舟吉五郎ゟ出状
到来下り荷賣付相庭
沓見莚七百文尺長五百五拾文
中間縄三百廿文三ツ切塩廿五俵
蠟そく三六朱引廿七匁

一多江屋甚六仕法ニ付舟問屋職之義
親類引受ニ而本家甚三良方ニ而可致旨
尤荷物支配万端吉田屋方ニ而致候様
客先小濱木綿屋源兵衛支配当所吉兵衛
方へ右之壱札差入右連印可致様甚六
ゟ親類申参り候ニ付甚三良方ゟ此方
四十物屋へ相談有之ニ付甚三良方者
当時仕法中之義故連印ニハ可致候得共

153
問屋之義ハ断申入候

晦日曇天

一六匁五歩源角手間渡ス

一弐朱麻時烏石(磨烏石カ)買取ニ付お常へ渡ス

入壱貫三百匁茶忠ゟ鯡代内入

一塩飽屋安田ゟ廻状参り上田頼母子
此方集銀当廿日切之處断申
晦日切之頼是以間違段々掛合ニ
及候所六月十日迠相待可申夫迠
ハ小濱表へ参り急度相調相渡し
可申約束ニ而待遣し候様両人
世わ番ゟ申来ル

154
一天家頼母子酒㐂掛金滞ニ付
則酒ゼン受人之義故今日善七ヲ以
才息ニ遣し候處酒善申居候者
八月祭禮後迠相待呉候様夫
迠ニハ急度埒合可申約束

朔日

幸得丸直入致候處一向不実意之仲間
外出来直ニ付有之處尤江州金能

其㕝へ四ッ過ゟ七ッ前迠懸り漸々
廿五日六歩ニ而百五十本ぐづり取ニ申参り
候ニ付賣遣ス

155
二日天氣
一弐百両四十物屋かし
入百両沢市ゟ
一手舩身欠八十一匁ニ賣

三日天氣
の印仲間ニ而角七鯡五百目買
直は拾九匁三歩
一木綿屋廉七松前荷物役所
　為替手形到善丸紋治良殿へ
　頼ミ遣ス右廻状吉五良へ渡ス
　但し金高三拾壱両三分弐朱六匁三歩

156
六月
四日天氣
一船中切出し出目共鯡白子俵高
　身欠三口〆六拾両壱歩三匁知工治三郎へ
相渡ス
一身欠仕切金弐十一両四歩弐厘
　四十物屋ゟ請取右の印此方配当之事
一九十四両壱番中荷金過上分
　之㕝へ此度弐百五十三両ツ、の印此方
　合五百六両遣す惣〆六百両吉五良へ
　相渡ス明朝出帆之積
一天屋仕配棒鱈百五匁七月十四日
　切ニ而賣付申候様同人ゟ申参り

157
一靍弐百枚の印へかし
一図百枚の印へかし

五日天氣
幸得丸出帆
入八拾両油市より戻り
入靍三百枚の印より戻り
入九両三分源太行為替吉五良より
預り
入五十両油市分大津ゟ飛脚
便り受取

一廿四貫八百八拾九匁壱歩壱厘
右ハ角七鮮代但しの印仲間ニ而
半分代の印へかし

158
六月六日天氣
一幸得丸白子去ル朔日仲間へ百五十本
百五匁六歩ニ而賣付有之處今日迠
捨置割渡し書ニ不被下今日ニ到り仲
権吉ヲ以判書戻し候ニ付此方ニ而ハ判書
戻り商内やめニ相成候方ハ勝手ニ候得共
判書之始終立不申尤損徳ニ不抱
尤朔日直入之模様段通り茂有之
候事故弥判書戻り候ならハ何故ニ而
戻し候哉其侭ヲ承り舟手年行寺（司）
方へ相尋可申旨仲三人へ申遣し候所
塩飽屋助右衛門申候様ハ仲間壱統
ハ何ニ茂始終無之尤判書戻し度
義ハ頓ト無之割合致度候得共何分
行司高嶋屋壱人合点不致旨申
其通返事ニ候間又々後日仲共
無念ニ相成候間あ敷候ニ付矢張
法外たり共年行司之事故今一應
塩飽屋申候事共高嶋屋へ念丈
其上舟年行司方へ及相談ニ申候
様申遣し候所塩飽屋被申候様者
今暫く相待呉候様両三人相寄
返事可仕様申居候

159
暮方右返事の印ゟ有之則今日
高嶋屋壱人ノケ候而皆々打より相談
之上是非判書元々ニ致候而は仲間
不外分之聞へ茂有之候故荻原へ
今一應懸合聞入不申時ハ年行司
之義退役たりとも勝手可致様申
候而判書元々ニ相頼可申間今日中
相まち呉候様仲間壱統之頼故
相触遣し候

160
六月七日天氣
一江戸神楽坂善国寺ゟ書状参ル
外

一九両弐分壱朱三歩三厘源太為替分
相渡ス
入三朱同人為替出戻し受取
八日曇天
入壱両〆粕代店ゟ請取
一五十両大津米そんの印へ渡ス
一白子金寄帳ニ相添酒弐舛仲間へ
遣ス
九日天氣
一三百匁出店へかし傳三鯡代
都合十五両分かしニ相成
161
一の印ゟ弐拾九両弐歩三朱
右は大津括敷金過上請取
一白子金寄〆高四拾七貫百拾五匁五歩
◎(銭)弐百九十三文
右幸得丸仲荷金之中
十日天氣

一西野方ニ而養子相談有之
右ニ付天屋方ニ而聞合之事
十一日天氣
入三百八十四匁諸仲會所入銀戻り
一飴屋白子出来直弐十六匁
一江口様岩治良様ゟあい到来
十二日天氣
162
一六匁甚五郎閏月銭遣ス
一壱貫六百匁出店へかし
右ハ松川屋白子代
十三日天氣
入弐分五朱木綿屋庫七内口利足受取
小判十両壱分銀と取替遣ス
一田倉屋参り西野一条ニ付
甚六始親類浅井安孫子寺西市
甚六宅ニ立合おいし殿よび付候而
銘々口々利子つミ義申其上田倉屋

出入不相成候申付候義右親類中へ
田倉屋直ニ届ケニ参ル
163
一幸得丸白子中間金寄之旨并ニ
四十物屋ゟ受取身欠代共此方へ請取
此割合当ニの印へ七十両渡ス
一米七沢五ゟ引取候荒物并ニ蕨之事
申参る

十四日天氣
丸屋伊助蔵之事頼参ル
米七同断

十五日天氣
一金子百両天屋四郎兵衛へかし
六月朔日霜月迠月壱歩約束
一六匁五歩會合株　〆拾壱匁五歩
一五匁舟持　御坐舟入用渡ス
一丸屋伊助へ百五十両かし
此引宛鯡百六十九包丸屋昆布藏ニ有之
164

十六日天氣
一百五十両米七かし
入三拾弐両伊右衛門分受取

十八日天氣
一百両平口太兵衛かし

十九日天氣
一弐百両四十物屋へかし
一松栄院様御誓去ニ付今日ゟ
廿五日迠七日之間御停止申参ル
165
廿一日天氣
一五百両天屋へかし永昌丸
大黒丸両艘引宛
一沓見重目莚六拾束濱右近
へ賣直ハ五匁五歩
一為田太夫勧化ニ付講中壱統
白波ニ而寄有之

廿二日同

夜前為登方年番ゟ様石改
之義申参り則拾五貫匁以下ハ
間ニ合不申以上之事尤いたみ有
之なく〳〵相直し可申候
一天屋ゟ棒鱈弐拾五丸白子
七本預り右近次良助裏ニ有之奥蔵ニ入
166
但し蔵敷受取可申事
一弐百両玉川屋かし蔵入

廿三日
入拾三両沢市利足受取
但しかゞ屋引当證文切替ニ付かし
一壱分弐朱同人替金かし
一三百五十壱匁米屋利足莚代遣ス
入百五十両出店ゟ

廿四日天氣
一三歩龍吐水直し賃遣ス
一弐匁竹生嶋弁天様寄進
一三百匁出店へかし

一お梅出産男子八ツ時分
167
廿五日天氣
一百両塩㐂へかし
一四十物屋ゟ七百両之證文預り

廿六日天氣
一お梅三日目名改亀三良と号
一壱朱取上五十屋おさんへ祝義弐匁ハ
こうだき近太かゝへ遣ス
一板清舟久福丸伊三郎殿ゟ
脇荷白子百本鯡百五十包上ル
但し受取人京屋遣ス
一同人ゟ身欠三把貰申候
168
廿七日天氣
一幸得丸荷役ニ取懸り申候
一町奉行鳥井氏ゟ廻状参り
江口善左衛門様事小濱表へ引
越被仰付候

廿八日天氣　七日四ツ過ゟ八日朝
ニかけ大夕立雷鳴
一平山善右衛門参り兼而之塩壱条
　ニ付当時賣拂度右ニ付貴家御掛り
　三拾両分ハ右一条御上様ニ而利非
　相分り此方無理ならバ元利㐂左衛門
　不抱相渡し可申右一札差入可申間
　聞済被下候様頼参り候
169
晦日天氣
若吉莚代受取 一地蔵六縄代受取
一沢市替金壱分弐朱受取
一幸得丸舟中切出し分仕切相渡ス
一お梅死去七ツ過時
朔日　名子仁兵衛元利受取
二日
三日葬式

四日灰寄　白子賣の印ニ而
五日
　　初七日仕上
六日
七日　生来向ひ　〆粕賣
170
一白子の印安田江戸屋あミ庄
　右四軒へ相渡ス
一〆粕の印へ相渡ス
八日雨風
野飄經布施持参
一油市へ六十五両かし使㐂介へ渡ス
一拾弐匁笄屋仲間入用渡ス弥右衛門へ
七月廿日　忌明致し悔禮相済申候
廿五日　仕上ヶ三月掛ニ相成候故

七月廿八日九日殿越相勤
申候祭礼前ニ御坐候所一家
親類へ送り膳致相済候

171
当り日は八月四日五日御坐候
得共祭礼ニ相成候事ニ
何事も殿越何事もさし
支無之都合能相濟申候

七月廿九日　納申候

八月朔日　庄兵衛
御上様へ御禮相勤申候
七夕之御祝義は
役掛　七月廿七日ニ夫々指上
申候其外親類禮物ハ
為替致遣し不申候

172
八月二日出勤候所村田相頼申候
七月廿七日阿ミ傳三殿方
ニ而買入申候鮓不残米七
方へ十月限ニ七月八日書付
致遣申候
元目ニ凡廿六匁六歩相成申候
十貫匁ニ弐匁六歩付銀
去十八日付江戸御用状相達
候所殿様益御機嫌能被成
御座就中同十六日夕御用番
牧野備前守様御老中様
方御連名之以御奉書御用

173
義被成御坐候間明十七日
四ツ時為御名代御一類中
頭之內御壱人御登城被成
候様被仰越則高木
主水正様御登城被成候
所昌平橋內御屋鋪
御用ニ付御家作共御指上
可被成牛込山伏町通柳
沢民部少輔様御屋作
共御拜領被為蒙仰
候段申来候右之趣惣觸

申談候
八月廿九日
174
ミ九月十八日夜
御會所御奉行様
　山田甚内様御越被游候
　　葛弐箱御土産申請候
　九月十九日　此ハ見舞　鮒すし弐疋
　　　返禮上候　菓子箱一ツ
九月十九日
一金九拾両　油市殿ら
　　手形ニ而入
安政五午二月八日
一賣用ニ付　庄兵衛
　　近作殿
京大坂迠　泉総八殿
　出立仕候　此方の荷物
　　丁持町弥三郎
175
二月七日申来候

一金三百両　右近権三郎殿
　為替取くミ
右は出店庄七殿申来候
〆　右金子相渡し可申様
　申来候此印
尤手形なく共
相渡しくれ候様申来候
一筥弐百枚　長寿丸由治郎殿
　長徳丸甚四郎殿
〆此両舟へ積入申候
一すぐり綱弐本板屋伊三郎殿
〆此舟ニ積入申候申来候
右之通積入分吉五郎へ申事
午二月七日
二月三日出之状へ申来候
176
当月十四日　郷方役所ら
山越新建寺　寺井丈治
ニて御談申置義　志賀起
有之御出可被下様申参候
荻原久助　荻原宗七

打它弁治郎　西岡林助
山上宗助　神江三良兵衛
　桃井総兵衛
宇の三左衛門　大和田荘蔵
〆九軒申来候　此方他行申遣ス
則十四日之談此十人ニ而
金弐百両拵くれ候様ニ
御頼ミ御坐候此金子は当所
若さ弐ケ所〆三ヶ所之所へ
はぜうへ度思召ニ御坐候何分
右金子渡くれ候様御坐候

177
何レ打寄相談之上
御返事可申上候と引取申候
　何レ出金ハなし込
　請取事とよろしく
　一寸西岡と
　　咄合致候
午二月十五日
一二月十四日朝五ツ時
鳥居様ゟ　西岡治左衛門
小濱御用所より申来候　此方両人
御召被成下　〆
御用之義ハ　預り呉候様
　金七八百両内　被仰付相談
　之上加様ニ御返事
　　申上候

178
右之高内壱人分ニ弐百両
宛御預り申上候様ニ御返事
申上候利足ハ月八朱ニ而
当霜月晦日迠くゝり
預りニ相成申候利足減少
願ひ申上候得共埒明不申候
御仕法相立事ゆへ無拠
右八朱ニ而霜月迠預り
可申と御返事申上候以上
午二月十五日朝
預り可申候　弐百両 西岡
月八朱ニ而
霜月限　弐百両 此方

申上候　〆

179
三月中
都筑信太郎
濱名才八郎方ゟ
申来候間相心へ
宗門書　可指出候申入候

二月十五日
一御免札百八拾枚　田中ゟ
被頼金三両取かへ遣し候
右札安田利左衛門殿方へ
七月六日遣し被下様相頼申候
〆則善七百枚遣ス

一金百五拾両　能登屋利八
右は山鳥寺ゟ
ふり手形金也
七月十六日受取申候

180
三月ゟ　鳥居様
一金弐百両　月八朱利足
右は当霜月限返金之事

六月一日ゟ
一金五百両　小濱直次分
右は当八月限返金之事
〆三ヶ月分

安政六未正月十八日
安田利左衛門悴元之助
行方　女房　よめ〆四人
相知れ　〆家内中道々ニ而
不申候　出奔被致候
〆

181
右之次第ニ付正月廿日ニ
地方銀主打寄親類
大津屋善兵衛殿天屋
太兵衛殿呼ニ遣し掛合
仕候所則左之通之小
書おき有之候
白子三百四拾本　御會所へ御渡被下様
鯡八百四箇は銀方へ被成下候
家藏諸道具一切は

仲買株一坐セ戸
植木迠一切不残
銀方ふり向出奔致候

182

地方銀主
一金弐千百両斗　西岡
一金六百両斗　山本
一金五百両斗　庄司
一金三拾両斗　沢市
一金五拾五両斗　此方
〆三千弐百八拾五両　預り金
金三百両斗　御會所
此所白子三百四拾本
〆此分ハあたへ有之候
其外御寺本勝寺方ニ
拾九両斗

183

江州銀主五人
一　冨田八右衛門
一　山路清兵衛
一千四百五十両　横山九右衛門
一此方江州斗　美濃部八右衛門
合五千両斗　同　忠左衛門
右之通掛合銀主有之候
然る所二月八日親類中ゟ
網五方迠御寄被下候様
申来則銀方拾軒
打寄段々相談之上ニ而
家くらハ用捨致

184

仲買株ニ銀方へ引取
可申積り相談致申候
相改メ　家くら親類願ひ
四歩通ニ　ニ付遣し申候然る所
当り相掛申候　御寺掛り金拾九両ハ
三月改メ　安田家ゟ相渡し被下様
引合置候事
親類中掛合相定申候所
御上様御達　鯡八百箇白子三百四十
外ニ廿両網吉ゟ　諸道具不残
身欠代受取事　〆せ戸植木迠
頼母子かけ金　銀方へ引取可申事

親類ゟ相調る事
二月八日
相究メ申候　　諸色蔵返し致申候

185
夫々売捌銀主
尚かし金四歩返に
相見申候趣なり
二月九日十日ニ　親類立合ニ而
田波与八郎殿方蔵入候
夫々市ニ掛賣拂可申事
安田利左衛門悴元之助
子正月中頃家内四人連ニ而出奔
米相場安田に成て
元もみな利左衛門沾も
誰か致けん　　覚て出る
落首

186
安政六未二月廿日
太良屋吉兵衛方
村田弥兵衛殿　　仕法立致身上
家蔵共　　相改当坐借之分
入役印為　　夫ニ附借金なし
致置申候事　　為致此方分当坐分
相済申候事
右之家屋鋪蔵弐ヶ所
町内民帳通
なら市役印
さし入置申候
金百四両斗
かし有り
此方のかし分共
当金六拾両請取　残り三拾両は
五ヶ年賦致し遣ス
無利足ニて

187
安政六未三月
沢屋三良右衛門
当所掛金　　不如意ニ付
金主西七七人
其外上方江州〆三十人斗
凡金高弐千弐百両かし方有之
打寄金主相談致掛金
仕候所段々願ひニ付無拠

左之通致し遣し申候
当六月ニ　壱日返　請取事
当九月ニ　壱日返　請取之事
　残金　八十年賦に

188
右之通致し相すまし申候
三月十五日　金百両引宛有り
　金百両年賦成ル

同
一三月十四日　若さや
凡弐千両斗　吉三郎
　出奔致し申候
金主掛合出来申候
鯡弐百箇　此方
同百箇　出店
〆此金高弐百両余
三月余弐百五十金斗

189
巳大二　五　六　八　九　十一　十二
小正　三　四　閏　五　七　十
〆凡三百八十四日

時安政三歳丙辰年
霜降月編之
当世八代大和田荘兵衛
豊平蔵

190
（裏表紙）
大和田荘兵衛
豊平蔵

（表紙欠　慶応二年三月九日中途から）

1

久栄丸浅次郎入船仕候
右近権太良様御越し被成
鳥渡御酒指上申候事
八ツ時分天気ニ相成候

十日　朝あられ
ふり
甚寒し
五ツ時分雨ふり
四ツ時ゟ
天気ニ相成

幸得丸夜前五ツ時過ニ入船
(又)朝日丸右同断
今日五ツ時小方伊八ヲ
京都へ遣し申候則嶋與様
布利様両家へ久栄丸
中荷金六百両受取ニ遣し申候
右之内請取候得バ三百両丈ハ
京近清殿へ預ケ帰り候様申遣し候

2

十一日　曇天氣
甚寒し

夜前安悦丸常吉様
入船被成直ニ飛脚ニ
河野へ船中被参候間此便ニ
板清六様へ久栄丸幸得丸
両艘入船致し候事付便り
頼遣し申候事
今日八つ時ゟ本家へ
右近権太郎様ニ御酒御上ケ被成
正刺参り申候事
夕方ゟ幸得丸㐂兵衛殿笹屋方へ
狂言見物ニ参り申候

十二日　夜前下り風
上々天気
下り風吹

十三日　少しも
雨ふり
下り風
3
今日庄助江刕へ行候間
安全丸手紙頼遣し申候
中村安全丸出帆仕候事
十四日　朝少し雨ふり
五ツ時ゟ
あかり
曇天氣
今朝薩摩乗き（蒸気）船
出帆致し候事
伊勢丸久次良様小濱ゟ廻船
介権現丸利三郎様
御入船被成直ニ江刕迠
飛脚ニ船中一人御遣し被成候事
十五日　誠ニ上々天氣
朝下り風

四ツ時ゟ間風
今日本家幸得丸ニ而一統
4
乗船致し常宮様へ参詣
仕候今日者大船斗不軽
数多へ入船是有候事
常宮様幸得丸御供備へ
気比宮様へ今朝御供備
今晩直ニ出帆致し候
右船留主中板屋清六様
江刕綿屋夘右衛門様御越し被成候
十六日　天氣よろしく候
得共少し
曇天気
下り風ニ相成
申候事
昼時ゟ大西風
相成申候
幸得丸夜前出船仕候得共
今日七ツ時戻り申候事

元覚屋市造殿入船仕候
5
十七日　朝雨ふり　五ツ時ゟ　天氣　大西風
今朝三木半帰京被成候間
此便ニ㊍行書状和泉市殿へ
遣し申候明石ニ見屋方へ行
封込頼遣し申候
今日山本村田此方三人連
久栄丸相談ニ付桔光へ参申候
十八日　上々天気　間風　暖し
今日綿夘殿連而太八常宮へ
参詣致し候七ツ時戻り申候
昼後時ゟ板清殿相見へ
申候御酒指上申候事
6
十九日　朝西風　少しふり　四ツ時ゟ　上々天氣
綿夘様御帰り被成候事
其節預り置申候
唐更紗弐拾三反預置
直段者弐両壱歩弐朱かへ
金子者賣申候節ニ而宜敷様
被申候事
今日常家様ゟ常宮参詣
御誘被游候依而参詣仕候事
不軽御馳走ニ而七ツ時半頃ニ
戻り申候夫ゟ大善殿一処ニ
桔光へ参り申候
板清様御泊り被成候事
廿日　下り風ニ　相成　追々出帆仕候
7

七ツ時雨ふり

廿一日　少し宛雨ふり

廿二日　上々天気下り風昼後夕方入

今日常家両艘共出帆
久栄丸今日常宮様へ
参詣致し今晩出帆仕候
大乗坊ニ而ぼら沢山ニ出し誠ニ
御馳走ニ相成申候事

8

廿三日　曇天氣間風

夜前久栄丸出帆仕候へ共
間風ニ相成又々常宮へ戻り申候

廿四日　天氣甚寒し

廿五日　誠ニ上々天氣

今日御上様ゟ老年七拾才
以上之者へ於松原ニ御酒
被下置候別而卅六町へ御酒
七舛斗も御下ヶ被下難有
右ニ付町中一統松原へ游参
被罷出候様被仰聞夫々
瑞㐂ニ而参り申候則

9

此間中笹屋方ニ興行致し居候
照葉狂言今日者於松原
御上様ゟ御好ニ相成則
御奉(行脱カ)所様方町中一統
御上覧ニ相成申候事
誠賑敷事ニ御坐候

廿六日　今日も誠ニ上々天氣

列(ママ)行無滞相濟申候
此跡ニ而御扶持人衆一統

松原行致し今日も則
於同所狂言御坐候事
尤御馳走者畑守大谷様
御両家様ゟ御持出しニ相成申候

廿七日　曇天氣　大下り風
今日者大体舩不残
10
出帆仕候事
今日五ツ時此方懸候舩不残
出帆被成候事

廿八日　雨ふり　始(終カ)日ふり
住吉丸吉五良様御越し
被成御酒指出申候事
咋朝伊八安宅表へ
遣し候事

廿九日　上々天氣　間風
今日者右近権太郎様振舞
ニ而桝七へ呼誠ニ馳走ニ
預り申候事

卅日　上々天氣　間風

四月朔日　上々天氣　南風
11
能登屋利兵衛様方ニハ
神明講御勤被成
呼れ申候則馳走ハ
肴ひつ
御膳夜食膳ニ而
茶屋豆腐鰑膾子
すり身汁
〆
御酒御肴者きす之
焼肴取合硯蓋者

玉子巻焼あなご海老
なしうど
〆五品
生身きす糸作り
もずく
〆四鉢なり
12
四月二日　上々天氣
下り風
今日安孫子次郎右衛門葬式
相済申候　昼後曇天氣
四月三日　上々天氣
南風
今日ゟ土産會所
御役人様并北村様
御招申候事夕方ゟ
御越し被成候則左之通り
板倉様　正判人
打它様
福田様　大和田様
木村様　外も
天四様
笹屋熊次郎様　塩㞍様
丸屋半助様　四十物屋様
古川市郎様　仲権蔵様
13
井筒屋伊助様
〆外ニ雇子五人
杓人加々屋吉右衛門
一四月四日　上々天氣
下り風
今夕方ゟ少し雨ふり誠ニ
大荒吹申候
一四月五日　下り風
大荒吹
雨ふり
昼後ゟ天気ニ相成申候
今日九ツ時ニ大黒丸
八十八様

甲子丸徳三郎様両人
外ニ卅弐人大坂ゟ御越し
被成候事
八ツ時ゟ板倉様宅へ
呼れ申候事
14
御馳走ニ預り申候

六日　上々天氣
霊性院様拾三回忌佛支
相勤申候則今日退夜
飛斎方丈様永厳寺
一山御参詣被成下跡者
昼後永賞寺一山此度
彦根清龍寺様清道
和尚ニ御越被游一山
15
七日　誠上々天氣
今日佛事相済寺参りも
無滞相済申候

八日　上々天氣
今日者永健(建)寺へ参詣
仕方丈様へ御目懸則
三笑亭ニ而御馳走ニ預り申候
鍵徳大黒丸蛭子丸
両艘共入船仕候事

九日　上々天氣
南風
枕田葬式来迎寺野へ
送り申候
16
今日昼後ゟ丸屋方へ
参り北村様新造前祝
ニ而御馳走ニ預り夕方ニ戻申候

十日　下り風
返し大西ニ
相成申候
朝曇天氣
四ツ時ゟ上天氣

七ツ時ゟ雨ふり
跡上々天氣
平口太兵衛ニ而油市頼母子
弐番妙見寺へ貰ニ相成
御馳走是有候事
其跡ニ而永賞寺へ参詣
仕又々呼れ申候事

17

十一日　誠ニ上天氣
四ツ時ゟ
西風不軽
強く相吹申候
今日家内しげます
夫々荷物連而本家介
一統入湯ニ出立仕候事

十二日　曇天気
西風
甚寒し
八ツ時ゟ間風
今日ゟ伊八
家内頼
灸致し候事
今日七ツ時ゟ永賞寺へ
江湖ニ参詣仕候處
濱五被居ニ而不軽馳
走ニ預り呼れ申候事

18

十三日　上々天気
間風
甚寒し
今日茶市殿家内死去
葬式来迎迠送り申候
天神様壱万燈今晩ゟ
始り
今夕五ツ時ゟ雨少しもふり
九ツ時ゟ大ふり

十四日　大雨ふり
今日魁丸新造凮之処
雨ふり故延し申候
昼後七ツ時ゟ上々日和ニ相成申候

小方伊八魁丸柱
越前国木丈ニ買置申処
出し催促飛脚ニ四ツ時ゟ
19
参り申候
今日ゟ明へ本家様
徳寿院様五拾回忌
佛相勤被成候事
昨日大坂河庄殿ゟ当月
七日出之書状着仕候事
残金登し呉様申参り候
今晩能登屋徳兵衛様方ニ
御養子被成則銘ハ伊兵衛与申
此度披露被成候間祝儀
指上申候事
右大坂河庄殿方へ残金之義
九月頃迄持呉候様申遣候事
袴和殿方へ木綿下し候義者
跡見合呉候様申遣し候事
20
十五日　　　夜前誠上々天気
ニ相成候処又々ふり
西風
時々雨ふり
誠寒し
併今日者五ツ時分大躰天気
ニ相成候間新造凮相済申候
昼過時無滞相済則
御會所板倉様福田様
御両所麻上下着被游舩へ
御乗込被游候又々八ツ時ゟ
金伊宅ニ而不軽御馳走呼人
凡五拾人斗取持共六拾人余
呼れ申候雇子弐拾人御坐候
至善丸伊左衛門様積出し登り被成
商内相済今日関ゟ御下り被成候
十六日　　　上々天気
間凮
21
十七日　　　上々天気
下り凮

十八日　上々天気
　下り風
今日者一両艘出帆仕候
煙草屋仲間ゟ常宮へ
参詣致し持養坊方ニ
酒昼呼れ御供揚り申候
参り候節舩七ツ時ゟ少しも
ふり申候間陸戻り申候処
雨ニ出合申候
十九日　夜分より
　大雨ふり
　八ツ過ニ
　かみなり厳敷なる
22
今日北村様介矢綿清様
留守事ニ呼申候事
廿日　大雨ふり
　九ツ時過ゟ
　天氣ニ相成
観世屋江戸源様今朝
表遠慮被成候事
是ニ付懸合箱館會所
六百両斗介三百両斗
天五弐百両斗飴権
百両斗夫々御坐候
今日加作殿へ金三百両斗
八九月頃迠過婦申遣し候
油新殿へ河内国上青斗
注文申遣し候事
廿一日　四ツ時迠少しふり
　朝曇天
　九ツ時ゟ
　天氣ニ相成
今日能登徳様大坂へ
御登り被成候本郷弥七様
23
江刕へ御越し被成候事
安辰講前寄仲會所ニ而

呼れ申候
檜物屋与兵衛船八幡丸
江刺六日出帆ニ而登り
新身欠弐百本斗
積登り〆方へ揚申候
飴屋方へ能登阿ふ屋
小酒屋船庄内米
六百俵斗入船直ハ
石ニ付四百五匁出来申候

廿二日　上々天気
　　　甚寒し
今日永覚寺ニおいて
24
積立講相勤り此方等
罷出尤御用達中世話方
致し候間造用貫申候事
其節空腹凌ニ握飯
御酒是有候事
一昨日松前城登り岩田手船
　登り候間承申候処
城下四月十一日大時化致し
小餅屋壱艘町ノ手船
長永丸壱艘大家又
通勢丸都合三艘破船
致し跡者[一]扇丸右
岩田右様之損じ船
　　七八艘
是有夫々他方へ作事ニ登り申候
右岩田当地ニ而作事致し候
25
廿三日　上々天気
　　　間風
積立講勘定寄致し候
用達元覚雇申候
今日より入梅ニ相成

廿四日　上々天気
　　　下り風
此間廿二日出戻候船出帆
仕候事[一]両艘
出帆仕候

廿五日　上々天気
下り風
廿六日　上々天気
暑し
26
今日東本願寺様御新仏
先達而長濱御坊御仏事ゟ
福井表御越し被游御法事
相済夜前今庄泊り八ツ時ニ
塔場町興（高）徳寺へ御泊り御着被游候
誠ニ上天氣
觸書
一当所銭多ニ而四文通用銭
一統迷惑之趣賣買共
日々手支難渋之趣相聞
相場下ケ申付候事
一右あまり下ケ過ニ相成
他国江銭出し候而者不宜両
替申付候事
一右両替茂来ル廿九日
切ニ而相止メ候事
27
一昨冬肝煎老分へ申
示置候事ニ候何卒下も
おもわく無遠慮申出候
様ニと存候はり札落文
不宜又昨冬も申示候通り
難渋世間ニ見渡候右
者は可申出候救遣可申候
四月廿七日
廿七日　上々天気
間風
今日気比宮川端長門様へ
此度寄進講冨致し候相
談ノ寄合致し参り弥近々
之内執行可致約定ニ相成申候
則世話方元締大和田弥右衛門
畑守㐂一良矢嶋四郎兵衛外ニ
右近次右衛門濱五木綿庩夫々

御馳走ニ呼れ申候事

28
廿八日　　誠ニ天（ママ）天気
間風
今日右近仁宅ニおいて
行者様試講年々参詣
出来候様講取結仕候相談
寄仕皆々様へ御酒出し申候
則酒三舛此方ゟ寄進
仕候事
用達様今日者断申置候

廿九日　　右同断
間風
甚暑し
今日越砌屋弥助家内
加砌山代ゟ帰宅仕候処
則心便ニ同所廿三日出書状
丸庄手跡ニ而手紙着仕候事
今日御觸之趣左之通り
当節綿衣類高直之

29
折柄交易御許容相成
候ニ付而者呉（ママ）郎服綸（〔子〕脱カ）
追々澤山ニ相成割合下直ニ而
且為方宜趣ニ相聞へ候間
以来右品綿衣類相用候
義不苦候尤時体ニ應じ無餘
儀御用捨相成候事ニ候へバ
花美ニ相流沾候様之筋ニ
相成候而者御趣意ニ相觸候
間其段心得違無是候様
可被致候
四月

五月朔日　　南風
上々天気
甚暑し
今日朝四ツ時納屋方之
至善丸分身欠弐百九拾本斗
伊左衛門殿方へ参り相談仕
則網屋久次郎様同道ニ而

参り申商内仕候直ハ四文ニ付
百弐匁がへ也来ル十月晦日切
約定ニ致し天四殿両人中間ニ
買請申候置候事

30
今日早昼飯喰候而天四殿
村田此方都合三人常宮
参詣仕候事

五月朔日　大南風
二日　朝六ツ時過ゟ
雨ふり申候
昼後大雨風
七ツ時誠ニ不軽大雨風吹
夜ゟ七ツ時迠吹詰申候定而
下筋も大時化与奉存候
五月三日　大雨ふり
新潟出書状ニ見屋安右衛門泊り
春日丸清左衛門殿出早瀬ゟ
参り請取近々便り次第届ケ
可申候事
今日龍王丸入船仕候

31
五月四日　上々天気
間風
丸庄福井ゟ手紙出し候
処表町茶屋仁左衛門殿
今夕帰宅致し書状着
仕候今晩府中泊り
六日帰宅之積申参り候事
五月五日　上々天気
節句
今夕方家内不残入湯ゟ帰宅
仕候則谷口村迠向ニ遣し候事

32
六日　上々天気
間風
今日行者講勧化ニ参候事

七日　右同断
下り風
少し暑天氣
今日も右勧化ニ参候事
八日　雨少しふり
南風
九日　朝ふり
右同断
安辰講平口方ニ而相勤り申候
十日　朝天氣
七ツ時ゟ
大ふり
33
今日七ツ時ニ綿卯様御越し被成候
十一日　雨ふり
気比長門様へ冨相談ニ
参り申候
永厳寺仕法講前寄申参り候
得共断申遣し候
大家又新造入舩
十二日　大雨ふり
三国木場山本瓦
石屋太平次様御入舩被成候
長宝丸勝次良様下ノ関ゟ入舩
今日御酒差上申候事
34
十三日　曇天氣
春日丸清八様入舩被成候
十四日　大雨ふり
十五日　右同断
長宝丸勝次良様ゟ大坂
扇屋和平次様書状松前
城下出今日京飛脚へ
指登し申候
明石東魚町

升屋六兵衛様
京屋七良兵衛様行
二見屋安右衛門様行入船案内状
35
右何れも一処封じ致し候
加島屋作五良様先達而
金カ百両斗過賦頼状
皆々一処封込差出申候
今朝御禮ニ罷出候處
七ツ時ゟ大雨風ニ而誠ニ
厳敷ふり候へ共漸々御禮
相済申候處寂早ふり
続く故朝参り見合候処
追々雨ふ(り脱)募り風強く
甚寒し夫ゟ谷口川ゟ
切れ出し南者疋田上ゟ
山抜出しほら出候而土橋
訳れ道家流れ町中
一統大洪水ニ相成東邊
者床ゟ上へ四五尺斗上り
御影堂前邊も同様東町
床ゟ南側壱尺斗上ケ
36
東町北側床ゟ六七寸斗
上り往来橋舟ニ而
通行致し候中通小家ノ橋
落申候所々橋落候而
誠ニ弥敷大洪水ニ相成
死人五六人斗御坐候
大變之事相成誠ニ
驚入申候事
併昼後ゟ漸天気ニ
相成候得共間風甚寒し

十六日　　間風
　　　　曇天氣
　　　　五ツ時ゟ日和
今日一体皆々干物致し候
当店大工参り直ニ床板
張替申候
今日蛭子丸大五良殿入船
37

十七日　天氣
間風
昼後西風
相成申候
折々雨ふり
勢運丸藤吉様入船
今日保寿丸太平次様
御連三国正銭屋五兵衛様
相見へ御酒指上申候
今晩暮早々太平次様
乗船被成候事

十八日　西風
曇天氣
折々雨ふり
勢運丸取役相済申候
増田利兵衛様被越し被成候

38
十九日　間風
上々天氣
[一]宝寿丸旦那乗船ニ而
御出帆被成候事
今晩ヘり大神丸神力丸出船

廿日　上々天氣
下り風
今日河内木綿屋出立
致し候便ニ大坂加作殿へ
手紙届ケ呉候様頼遣し候
尚又加作殿状中へ大坂
中ノ嶋扇屋勝兵衛殿行書状
城下ゟ参り候分
一江指大黒屋小三郎殿ゟ
道修町近江屋安五郎殿行

39
明石二見屋行右書状
一処ニ封込頼遣し申候事
一鍵徳殿魁丸出帆
ニ付常宮参り誘れ候
得共断申上候
幸吉丸出帆仕候

廿一日　大雨ふり
下り風
廿二日　大雨ふり
今日五ツ半時箱館産物
御會所へ御用御召是有
麻上下ニ而罷出候処
御三役御立合被游
40
外ニ
打它大和田付添
今般御會所付御舩宿
幷魁丸蛭子丸大黒丸舩具
万端預り方取扱方被仰付
尤立入御免被仰付以来万事
丁寧ニ可致被仰付候事
直ニ右通役人衆へ御礼ニ
罷出候事
北村徳次郎様先達而
結構御公儀ゟ被為仰付候節
御祝儀差上申候返礼ニ今日
近清方ニ呼れ申候
御同人様庄司方ニ御止宿之処
俄公役大目附様御越し御泊り
ニ相成候間此方へ被頼則
今日引越し被游候今晩ゟ
御泊りニ相成申候
41
廿三日　上々天氣ニ
相成申候
今晩鍵徳暇乞ニ皆々様
相見御酒御出し被成候事
今日年行司へ参り白子
一条段（ママ）申入候得共無致其（方脱）
侭ニ出帆仕候事ニ相定申候
廿四日　上々天氣
下り風
今朝長宝丸勝次良殿
出帆被成候
五ツ時過ニ鍵屋徳次良殿
出立被成候事

打它様始本家様其外
42
皆々御見立ニ御越し被成候而
御酒指上申候事
今日七ツ時勢運丸藤吉殿
出帆被成候事
夕方ニ少しも雨ふり

廿五日　曇天氣

廿六日　雨ふり
今日八ツ時若宮丸源七様
与市ゟ御登り御入船被成候事
43
廿七日　曇天氣
今日間風
場所登り弐艘江指登り越後
船壱艘登り申候

廿八日　上々天気
間風

暮六ツ時雨ふり今晩
大ぶり

廿九日　上々天気
下り風
七ツ時ゟ雨ふり夜中ふり
今朝浪士不残船町蔵ゟ
永厳寺へ移り申候此度
改准藩士与唱可申候事
御上様ゟ御觸相廻り申候事
今晩金袋丸仁三良殿入船被致候
44
六月朔日　曇天氣
朝誠ニ少し
ふり
御礼相済参詣仕候
常家座敷建前致
祝儀遣し候事

二日　上々天気
間風

大坂加作殿ゟ廿四日書状
今日着仕候
気比宮万人講寄ニ被招候へ共
断申置候
三日　雨ふり
昼後ゟ誠ニ
大ふり
45
今晩夜通しふり
四日　右同断
ふり
今晩ふり
下風厳敷
五日　上々天気
下り風
六日　右同断

七日　昼後天氣
今晩若宮丸源七殿
出帆仕候
八日　上々天気
下り風
今日昼時金袋丸出帆
仕候事
46
九日　雨ふり
俄ニ天氣ニ
相成折々
雨ふり
常宮
大乗坊世話方四人参り呼れ申候
今日行者講世話方衆
鑑札持廻り被成下候事
右近加徳丸入船仕候事
十日　右同断
夜ニ雨ふり

土用三番
今晩夜通しふり
十一日　夜前ゟ
大雨ふり
47
糀座㐂三郎様手舩
播刕室へ入舩致し商内
六ツケ敷候間御登り被成候
此便ニ大坂大橋㐂兵衛へ
金五両入書状ヒルトス
注又申遣し外ニ板屋清介様
室欤志庥間津へ入舩
被成居候間是も商内
六ツケ敷鳥渡書状
指出し申置候少々者
糀座様へ御頼遣候
十二日　上々天気
下り風
土用五番誠上日和

今日ゟ人気餘程直り申候
48
十三日　誠ニ上々天気
大下り風
古河屋佐兵衛様方へ手紙ヲ
認メ嘉傳丸重造様へ御頼
申遣し候其節歌ケ谷茶
三本進上致し申置候事
昨日郷手代寺月貞助様
死去被成葬式被致候間今日
酒壱舛香でん為持遣し候事
十四日　上々天気
下り風
今日問屋仲間より呼ニ参り
先達而仲買人衆等白子之
風袋一件ニ付新白子入舩
致し候得共直入も不致其
侭ニ相成候處此度相定り
49
当夏之処矢張是迄通り

致し当冬より碇与相定メ
て約定ニ御頭衆中様ゟ
被仰付右ニ而相方承知ニ
相成明日より直入可仕筈ニ
相極り申候事
今日大嶋様ゟ御用向ニ付
御使被下直ニ罷出候處
此度永厳寺宿坊へ
准藩士宿致し居候處是迠
大和田弥右衛門喜多村作兵衛
安孫子次郎右衛門跡ニ又右近次良左衛門
西野甚三良　桃井孫兵衛
田波与八郎
右御寺衆中世話ニ相成り居候処
又候此方御寺檀頭之事故
五人丈世話人役被仰付候事
則本郷弥七同利兵衛徳兵衛
塩屋仁兵衛大和田庄七
〆右五人丈被仰聞候事
50
十五日　　　上々天氣
下り風
此右之通被仰付候間今日ハ
右五人之者永厳寺へ
罷出濃(「農」)兵御頭衆へ御目見
仕續准藩士様目見仕候
今朝御禮無滞相済申候
昼後中橋御役人様方へ
暑中見舞ニ罷出申候事
昨日昼後仲買衆一統
御揃御越し被成白子直入仕候
寂始百弐匁ゟ付出し夫々
段々取締候處百拾四匁
迠一旦仲買衆引取被成候
得共跡ゟ天四本郷両人
相見候間右直段ᄼ殿
飴ごん三人立合ニ而賣拂申候
51
處誠ニ都合能相成
翌日より西間風ニ相成
少し宛船登り人氣甚
悪敷相成申候事

十六日　西風
朝少し曇天
雨三粒斗もふり
跡上々天氣
今日常宮様惣卯之参り
本家御隠（居脱）様舩壱艘
御かり切被成御参詣被成候
間便舩貰同道ニ而参詣
仕昼後帰宅仕候
材重殿結城しま拾七箇
預り金子相渡し今朝
出立被致候事

52

十七日　上々天氣
間風
一　安全丸入舩仕候
岩田長福丸入舩仕候
十八日　上々天氣
権現丸利三郎殿弥次良殿
入舩外ニ天屋方へ三国
濱屋冨次良様中村永福丸
善藏様右夫々入舩ニ相成申候
十九日　上々天気
下り風
右今日鯡直入出来申候

53

廿日　上々天氣
下り風
今日浅次良義京都へ
参り申候事
廿一日　上々天気
八ツ時俄夕立
跡天氣
入風
大黒丸吉五良殿手浦へ付
夫ゟ揚参り申候事
今晩新宅へ相談ニ
参り申候事

廿二日　上々天氣
不軽暑し

54

右近次良兵衛様入船

廿三日　上々天氣

夜前桶屋㐂助殿
木ノ本へ参詣仕候間
小林様方へ御越し被下候様
頼遣し申候事

船往來一札

一渡海船一艘　沖船頭―
水主共―

右之者共宗旨相改為商
賣諸国致渡海候条
津々浦々無異儀御通
可被下候為後日船往
来一札依而如件

――
大坂町屭

津々浦々　何屋何兵衛
御番所

55

廿四日　上々天気

廿五日　右同断

今晩小林様態々
御越被下

廿六日　右同断

廿七日　右同断

今晩小林様御越し被下候

廿八日　右同断

権現丸利三郎様

56

江刕嶋川へ御越し被成候

廿九日　大雨ふり

七月朔日　雨ふり
二日　右同断
今晩久栄丸浅次良
出帆仕候事
三日　上々天氣
西風
57
四日　上々下り風
権現丸利三良様出帆
被成候事
五日　上々天氣
六日　右同断
長久丸上下り入船仕候
七日　上々天氣
津軽久保丸定次良殿入船
勇丸入船仕候

八日　上々天氣
58
糀屋手船三艘上下り
九日　不軽暑し
十日　右同断
十一日　曇天氣
今日長寿丸源次良殿
入船仕候
十二日　間風
今日大西風吹申候
伊八三国ゟ帰宅仕候
十三日　大雨ふり
西風
伊勢丸久次良殿入船仕候
59

十四日　大雨ふり

十五日　上々天気
甚暑し

十六日　右同断

十七日　西風
間ニ相成
甚寒し

十八日　右同断
曇天氣

60

十九日　少々宛
雨ふり
西風強

廿日　曇天氣
昼後天気
夕方

大雨ふり
今日昼後伊勢丸久次良殿
出帆仕候
三国石屋文右衛門殿ゟ飛脚着

廿一日　朝大雨ふり
今日伊八桒名屋用向ニ付
大坂へ登り申候此便ニ付
油新殿へ書状頼遣し候
京冨小路五条津国屋長兵衛
大橋数右衛門殿方へ書状

61

送り申候
二見屋安右衛門様御越し
被成候
京都ゟ治次良行木綿
四箇之内三箇今日着仕候
宮川次郎右衛門様
万代丸
審神丸甚五郎様

廿二日　曇天氣
夜前石舩入津致候へ共
塩仁方へ揚ケ候様申居此方へ
者江指大㐂方ゟ書状相添
頼被参候間彼是両家共
争致し候へ共左候ハバ返り舩
荷役滞候間此方ゟ埒付
両支配ニ致し遣し申候事
62
廿三日　天気ニ候へ共
少しもや有候
夜前尾㓊材重呼寄
直段引合候へ共中々負ケ
不申指直段より三匁位
引申候へ共其余ハ負不申候
昨日庄助義三国へ遣し候
今朝信通丸ゟ便り是有
候間塩谷迠立寄セ申候
廿四日　北風ニ相成
天氣成共

追々入舩御坐候　甚寒し
今朝気比宮殿様御上
坂ニ付御武運長久御供獻申候
63
廿五日　右同断
∧三武助様今日御越し
被成候事
廿六日　上々天氣
四ツ時ゟ
下り風ニ相成申候
昨日∧十長幸丸国三郎様
御入舩被游候事
乂大神丸仙次郎様
御越被成候事
長寿丸勇丸伊セ丸
皆々下り舩今日出帆
仕候事
材木屋重兵衛殿此度
しま相對致し

今日金子八百両相渡し申候事
64
廿七日　上々天気
　朝下風
　昼後入風
今日舩拾艘斗
入舩御坐候
庄助三国より今日
帰宅仕候事
廿八日　上々天氣
廿九日　右同断
卅日　右同断
　今晩少しふり
65
今日小濱表より
御大頭様江美様一手
榊原様夫々人夫凡四百人斗
右者一昨日ゟ蒸気舩ニ乗
長刕へ参り候哉も難斗便り
京都ゟ是有直ニ其御手当ニ而
夜通し高嶋ニ御越し被成候
則本陣本妙寺へ御廻り
ニ相成候外ニ御寺へ夥敷
御泊りニ相成申候
八月朔日　夜前ゟ
　雨ふり
今朝御禮者右騒キニ付
休ミ相成申候事
66
八月二日　少しも
　雨曇天気
　夕方七ツ時ゟ
　天氣好相成申候
今晩宵宮祭り無滞
相渡り相済申候
八月三日　誠ニ上々天気
今日御祭禮都合能相済

気比宮様不快参詣
誠ニ賑敷ニ御座候事
今日昼時ニ庄助三国ゟ
帰宅仕候事

67
八月四日　右同断
昨日今日両日は箱館方
御桟敷岩田之内へ相懸り
則此方亭主役被申付
両日参り申候事
今日大山渡し仕舞ゟ雨
ふり誠ニ都合克相済申候
七ツ時ゟ又々折々雨ふり申候

八月五日　曇天気
　夕方ゟ大雨ふり
今日大神丸専次郎様
住吉丸勘右衛門様住吉丸吉五良様
御越し被成御酒指上申候

68
一八月六日　大雨ふり

七日　右同断
今日本勝寺行兵粮方
出勤仕候処七ツ時迠ニ直ニ
大ふり募り引取申候処
寂早出水ニ及床迠水ニ
相成夜四ツ時ニ者不軽
高水ニ相成不得止事
二階住居致し居候処
其頃ゟ俄ニ南風強く相成
水高く町中大騒キ致し
誠ニこまり入申候九ツ時ゟ
追々水引取暁ニ相成風
止メ申候間少し穏ニ相成申候

69
今晩六ツ時頃鳩原村
向山抜致し川勝茶屋
家内不残死去致候し外ニ
野兵頭壱組関口様
既ニ死去ニ相成外ニ野兵
拾六人夫人足四人皆々

死去致し候誠ニ恐敷事ニ
御座候事
八月八日　雨ふり
夕方七ツ時ゟ天氣ニ相成申候
九日　上々天気
相成申候

70
十日　上々天気ニ
相成申候

覚
越前河野浦
一松前城下登り　板屋六左衛門手船
積荷物　永栄丸
〆粕　沖船頭清七
外ニ鯡少々斗　乗組水主共
拾五人乗
右之通ニ相違無御座候
已上
八月十日　船宿
おけや庄七
濱
御番所

71
十一日　上々天氣
十二日　右同断
今日御殿様京都入り出立
十三日御着之積りニ候処へ
十三日　上々天氣
十四日　右同断
十五日　大雨ふり
十六日　右同断

72
今日殿様疋田御泊り
之御都合之処へ来候大ふり故
刀根村ニ而御泊りニ相成申候

十七日　　　上々天気
殿様御機嫌克御馬乗
ニ而八ツ時過ニ射場口ゟ
御入陣被游候東町御通り
御家中一統陣羽織ニ而
誠ニ美々敷事ニ御坐候以上
十八日　　　上々天氣
73
十九日　　　右同断
廿日　　　右同断
廿一日　　　右同断
廿二日　　　右同断
廿三日　　　右同断
廿四日　　　右同断

廿五日　　　右同断
今日御陣屋ニおいて五ツ時ニ
殿様へ御目見被仰付罷出
74
御音御下り申候御示命
誠ニ難有奉存申候
臺揚届
覚
津軽
一舩一艘　大津屋九右衛門手舩
栄運丸市之助
右者川御所下濱置而
来ル廿六日ゟ天氣次第
臺揚仕度候間御願申上候
以上
八月廿五日
臺揚届ケ
覚
津輕
一舩一艘　大津屋九右衛門手舩

沖船頭市之助
水主共
右之舩来ル廿六日ゟ天気
次第川御所辻子下濱ニ而
冬囲仕度候間此段
奉御願申上候　以上
―　印

75

舟道
御役座衆中様

廿六日

覚

能刕鳳無
一松前城下登り　新屋佐助手舟
幸福丸
沖船頭平作
乗組水主共
五人乗
箱館産場届
御荷物積入申候

右之通相違無御座候已上
濱御番所　―

76

今般御停止ニ付囲舩ニ
臺揚御指留メニ相成候処
時分柄追々おくれ候事
故段々御願申上候処御聞済ニ
相成御免被仰付候間
極々物静ニ取斗可仕候
様被仰付其段御承知
可被成候尤臺揚前以鬮
役座迠御安（ママ）案内可有之候
尚其場所江立合見分
被仰付候間此段左様
御承知可被成下候　已上
但し泉水下之分ハ郷方
手代衆舩道頭両人
下役弐人町下家々ば
ゝ長家弐人出勤可致候
尤太皷ハ不相成候
八月廿六日

（77　白紙）

78

客船囲舟之節舩通へ
届書あん(案)し

乍恐口上書を以奉願上候
一何百石積舩壱艘〇—
何洲何所
何屋何兵衛舩
〇沖舩頭
水主共何人乗
右之舩者私方客舩ニ而泉濱下ニ
囲ひ申度奉存候得共囲ひ
場詰り候ニ付漁師町下濱ニ
囲ひ申度奉願上候御運上之
儀者今濱村囲ひ場之格を以
乗組壱人前ニ銀壱匁宛指上
可申候間願之通被為仰付被下
置候ハ、難有奉存候　以上
—
舩宿
——印
舩頭何右衛門印
岸六兵衛様
岡本権右衛門様　但し紙奉書ニ而

79

一札之事
一何百石積舩壱艘〇—
何洲何所
何屋何右衛門
〇沖舩頭何某
水主共何人乗
右之舩御地所漁師町下
濱ニ囲申度御願申上候願之通
被為仰付難有奉存候依之
御運上之儀ハ今濱村囲場
之格を以乗組壱人前銀壱匁
宛掛度書を以来寅六月
上納可仕候為後日之一札如件
—
舩宿
—
舩頭何之助
岸六兵衛様
岡本権右衛門様　但し此分

在切紙ニ御座候
尤
右之通弐通舩道へ指出し候事
尤奉書之分者御上様納り仕切
紙之分者承通〆納置事

80
御停止ニ付別觸
一頼母子會合者不及申
都而大勢人寄之義不相成候
一町方葬式唱物之儀者其
寺内切ニ可仕候
一諸祝儀事堅無用可致候
一日鉢勧化等者其寺内
之増壱人ツヽ讀経念佛
題目等唱物静ニ致候義ハ
不苦大勢唱物ニ而進め歩行人
義ハ不相成候
一燈明之進め堅無用ニ可致候
一寺子供ハ不及休随分物静ニ
相慎候様師述候ゟ精々心誠
可申候
一寺方法話説法之義者
不苦候得共参詣人大勢
誘合参詣致間敷候一人
ツヽ随分穏便ニ致其場所

81
ニおいて物静ニ可致候
一蕎麦屋料理屋杯都而
人毎ニ集り候処精々物静ニ
致候様可心得付候
一毎夜四ッ時後無短灯ニ而
歩行堅無用之候
一芝居并遊女町其外人寄
等致間敷候
右之通申付候間急度相慎
ミ可申者也
廿六日　上ヽ天気
今朝長武殿被参候
廿八日　雨ふり
時日昼後ゟ又々持病

厳敷相募り迚も無致方
土厘様御越被下色々致
漸今朝横ニ寝入申候
82
今朝伊八小林様ニ
俄ニ参候申候事
廿九日　天気相成候
卅日　上ゝ天気
相成申候
夕四ツ時過ニ
長宝丸勝次郎様入船
被成候事
朔日　上ゝ天気
今日参詣可仕筈之処
勝次郎様入船被成候間一日申
見合居申候
二日　初　右同断
間風
今朝ゟ中村助十郎殿
大師様へ参詣仕候事
83
朝より雨ふり
三日　右同断
四日　右同断
五日　右同断
六日　下り風
上ゝ天気
誠暑し
七日　雨ふり
下り風
84
九月八日
一長宝丸臺揚届

大坂
近江屋宗七
四百七拾石積　沖船頭勝次郎
水主共十一人乗
〆
前々私置候通弐通
指出候申上候
一日
幸得丸舟へ濱番所ゟ
改参り候處弓箱弐組
御座候間右役人指戻候
間左之通書付指出候申候、
覚
一本家手舩幸得丸
沖舟頭㐂兵衛此度
松前ゟ村上殿弓弐組
並ニ箭筒手皮共仕不く持登
候處大坂迠登り不申ニ付
持戻り候此段無相違御座候
依而如件

—
おけ屋庄七印
舩頭喜兵衛印
御番所御役人御衆中
85
右書付濱番所へ持参候
弓箭手皮此方へ預り申以上
十一日幸得丸臺場届
一四百五拾石積　おけや庄兵衛
手舟
沖舟頭
㐂兵衛
水主共　七人乗
右往来通り
〆
十五日
大坂
大和屋嘉介
一宮越下り舩　沖舟頭　太五郎
水主共六人乗
〆　濱届ケ

十八日　臺上ケ届
大船屋嘉造
一百四拾石積　沖舟頭　太五郎
水主共六人乗
〆
届書弐通届出し申候
86
乍恐以口上書奉願上候
大坂
一四百七拾石積　近江屋宗七
壱艘　長宝丸勝治郎
水主共十一人乗
右之舩先達而大荒ニ而損
之所出来作事仕度
奉存候間御停止中恐
入候得共何卒川御所
濱下ニ而臺場御免被
仰付被下置段奉願上候已上
右之趣被為囲取訳願之
通御座候被仰付被下置候
ハヽ難有奉存候

――――――
船宿――
舩道頭
岸六兵衛様
岡本権右衛門様
87
右之通ニ届ケ致候
九月十五日
大坂
右同断
大木屋嘉造
一百四拾石積　蛭子丸大五郎
水主共六人
〆届ケ致候
十九日
桶屋正兵衛
一四百五拾石　幸得丸䓁兵衛
水主共七人乗
〆

88
三国　経竹屋岩衛門手舩
一利生丸　利助舩
〆乗組六人
箱館登利
中荷昆布積入
九月廿日
二見屋
飛脚弥兵衛
津軽　大津屋丸左衛門手船
一久宝丸宗治郎舩
江差登り
〆乗組十三人
九月廿八日入津

89
覚
一私乗舟久宝丸宗治郎
此度松前表ゟ本田渡ゟ
やり壱本直し指登り候処
大坂迄登り不申候ニ付指戻り
候此段無相違御座候後日如件
九月晦日
おけや荘七
舟頭宗治郎
御番所

90
覚
一叺百拾八駄　内元揃
―叺や
右者壱箇ニ付
弐駄半作り
卅箇数八拾七箇弐部
御切手八拾七枚
外ニ添切手壱枚
右之通御願奉上候　以上
慶應弐年
寅十月三日　大慶屋庄七
濱野五兵衛様
村上市三郎様

91
覚

十月三日入船　大坂
一松前城下登り大西屋
神宝丸　宗兵衛手舩
沖船頭
輿三郎
水主共
拾弐人乗
〆
覚
十月五日
一江差登り　近江屋宗七手船
久宝丸
沖船頭徳二郎
水主共十一乗
〆

92
覚
十月五日
一本元揃　五拾駄
壱箇作り弐駄半作り
此作り立弐拾匁相成
切手弐拾匁
右ハ約直段ニ而貸附申候間
右之通り御願上奉申上候以上
丙寅十月五日　おけ屋庄七
濱野五兵衛様
村上市兵衛様
十月九日届ケ
能州風無
一能登登り　新屋治介殿手舩
幸福丸平作
乗組水主共
五人乗
積物□（不詳）合一切

93
久栄丸臺上ケ
十月十日　大坂
近江屋宗七
一三百八拾石　沖舩頭弥次郎
水主共七人
〆

森安屋由右衛門殿
桶屋弥治右衛門殿

94
神宝丸臺上ケ届
　大坂
　大西屋宗兵衛
一四百石積　沖船頭与三郎
　水主共十二人乗
右者船町濱下ニ

95
十月十六日下り風上々
天気定次郎様今日
常宮様へ参詣被成候
今晩幸福丸平作殿
出帆被成候事
十月十七日　大下り風
　昼後雨ふり
今晩大夕立致候
若六へ久次郎様くる
幸得丸此方三人乗り候
得共水多く断ニ付
桔光へ参被申候
今日久栄丸荷役仕舞
十月十八日　雨ふり
今晩近清方へ問屋衆
寄合頼弥次郎荷打
相談ニ御馳走致候

96
久栄丸埒付不申致候間
又候明日寄可致候事
十月十九日　上々天気
　下風
今日幸得丸㐂兵衛殿
河野陸ニ而参り直ニ
碇取揚次第安番迄
帰宅可仕候
伊勢丸小八様大坂ゟ
今日飛脚候帰宅被致候
大黒丸知工越後

弥彦山ノ下濱ニ而破船
致候濱仕舞致直ニ
船頭吉五郎殿江指之
親方へ参り知工者

97
十七日当地戻り申候
今日八つ時御陣屋へ
殿様御機嫌能
御着可游候直ニ恐悦ニ
罷出可申筈之処痛所
御断申上候
問屋御頭衆様ゟ
被仰出弥荷物大支ニ付
御奉行様明日京都へ
御登りニ付当地問屋
仲買登り荷物一切相調
今晩中ニ被出之候様
被仰付則左之通り
脇問屋惣代へ左之通り
書付指出し候ハ置申候

98
覚
十月十九日
一身欠　八百本斗
一寄数子　七拾本
一白子　七百五拾本
一鯡　千四百箇斗
一〆粕　弐千三百本
一〆南部昆布　四千枚
右之通井筒屋方ニ而
惣代衆被届候間
指出候置申候事
今晩近清方ニおいて
久栄丸荷物寄致申候

99
廿日　不軽大荒
大雨ふり申候
風誠強く
昨日　相成申候
伊勢丸
幸八様大坂ゟ戻申候

廿一日　右同断

廿二日　同断

廿三日　少し天気

廿四日　天気ニ相成
今日任一丸臺上ケ致候
長寿丸勝次郎殿大坂
表出立被成候事
明石二見屋方ゟ飛脚
被参申候
100
久宝丸久栄丸両艘
向浦へ囲ニ参り申候

廿五日　雨ふり
今日ゟ表具屋直助参候間
糀屋直嘉様大坂へ
出立致候事

廿六日
真慎寺方へ
　兵右衛門様御宿
十月廿六日
一唐金中
　黄ギ裏　布段大弐状
一〃しき　壱状
一まくら　上　壱つ
一さらさ　大弐状
　黄ぎうら
一江ゆじ屋　敷壱状
一吉わらまくら　壱
〆八品
101
大雨ふり

廿七日　上ゝ天気
　併くもり
今日久次郎様御出被成候而
御酒指出し申候事

廿八日　朝ゟ
大雨ふり
殿様鞠山へ被越被游候
廿九日　上々天気
卅日　上天気
雨々風
神宝丸与三郎様今日
京都へ御出立被成候事
102
指入申廻船一札之事
大坂
大西屋宗兵衛
一何百　沖舟頭与三郎
四百石積舩壱艘　水主共十二人乗
〆
右之舩私客舩而當湊江
入津致候処追々秋くれ入候而
出帆茂難相成候ニ付其御浦
方江浮囲致候ニ付尤守

役銀等相渡申候水主共
不調法不致候様ニ可仕候
万〃一此舩ニ之儀ニ付如何
様之六ケ敷出来候少も
其御浦方へ御難儀相懸
103
申間敷候為後日之指入
一札依而如件
舩頭与三郎
舩宿おけや荘七

浦底浦
庄屋五郎左衛門様
色ヶ濱浦
同　九郎右衛門様
惣浦方衆中様
但し間役　千石迄壱匁弐分
千石余弐匁壱分
外ニ　舟米弐斗五升
酒　壱斗

肴料　弐百入
〆

104

十一月十一日　霜降北風ニ
大アレ
又市様原作様儀此之度
同々ニて大坂へ出立候事
但し原作様者今日夕ようへ
符（府）中ゟ御越被成候事
十二日　前日同断
夕六ッ時ゟ
天気相成
十三日　雨降
北風
旦那様す合会所へ
御出勤被成候事
十四日　前田様
旦那様昼飯後ゟ又候す会
会所へ御出被成候事
夕方ニ甲子丸徳三郎様与
サカイ某上甚九郎様二人連ニ
御越被成候事

105

十五日　朝雨ふり
四つ時分
天気
甲子丸徳三郎様大坂へ出立成候
旧柴三殿手舩
十六日　上々天気
幸得丸㐂兵衛様与四人様与
□（虫損）かたニ御越被成候事
十七日　七つ時ゟ天氣
北風
㐂兵衛様原介様大坂へ
出立被成候事

106

十八日　天氣

一金袋丸臺上ヶ致候事
居ゟ高張四従人足四人
手たい遣し候事
十九日　天氣
同金袋丸三日メ今日上ヶ
相成候事
廿日　雨天ニ而
廿一日　上上天氣
今日一勇丸臺上ケ致し候事
滞相済候事
廿二日　天氣
　八ツ時雨少し
　七ツ時ゟ天氣
今日御本家様御姉さま九ツ時
小濱方出立被成候事
廿三日　天氣
　八ツ時少々
　雨七時分
　　天氣
107
廿四日　上々天氣
廿五日　天氣
　下り風
　七ツ時ゟ雨少々
今日濱五様方ニ婚礼
被成候事
廿六日　下り風雨
　上々天氣
今日内方へ御姉さま
濱五様方ゟ御祝参候事
正八ツ時船後殿表参り
鯡〆粕商買致し候事
廿七日　甚寒し
　天氣

108
廿八日　大雨ふり
廿九日　大荒れ
右同断
幸得丸大坂ゟ戻り
今晩疋田泊り
卅日　上々天氣
右近様幸得丸平作殿
幸得丸早朝ニ相見申候
平作殿直ニ出立被成候
十二月朔日　誠珎敷
上々天気
幸得丸平助様今朝
109
出立被成候事
今晩より寒入下り風
二日　雨ふり
下り風
夜前綿卯殿被参候事
三日　上々天気
間風
夕方ゟ
雨ふり
今朝綿卯網屋个
備前屋浅次良此方皆々
若六方へ相談ニ参御酒
沢山ニ承り仕候
是迄五月順　少し暑し
是より
二月順ニ相成候　随分厳敷候
四日　上々天氣
間風
甚以寒し
極寒ニ相成候
今朝綿卯殿帰宅
110

夜前ゟ下り風ニ相成
五日　上々天気
間風
今朝浅次良殿帰宅
四ツ時ゟ雪ふり
八つ時より大荒ニ相成
杉津卯左衛門殿参り泊り申候
神宝丸又市殿大坂ゟ
帰賀被致候外ニ片舩
宗神丸利吉殿御通
被参候泊り被成候事
今朝迠二月順厳敷候
是より三月順ニ相成候
六日　西風
甚寒し
雪ふり
111
七日　上々天氣
甚寒し

今晩板清殿常家様
江指ゟ江戸へ泊り御戻り被成候
八日　誠ニ上々天気
夜ゟ下り風
暑し
今晩迠四月順
今日店利助目見ニ参り申候
昼後ゟ下駄はきて
常宮様へ参詣仕候事
夕方ゟ雨ふり松原帯屋
邊ゟ雨ふ懸り申候
112
九日　雨ふり
今朝審神丸利助殿
大坂へ出立被成候事
十日　上々天氣
下り風
今晩迠五月順

十一日　間風
朝雪ふり
夜分ゟ六月順ニ相成候
今朝ゟ上々天氣ニ相成
神宝丸又市様出立被成候
113
十二日　上々天氣
下り風
十三日　上々天気
下り風
甚寒し
今日會合大寄幸得寺
相勤申候事
今晩五ツ時前ニ血判
致し候相済申候事
今晩迠二月順
今朝ゟ七月順
十四日　甚寒し
間風

今晩より餅搗到し候
小方斗参り候事
114
十五日　上々天氣
下り風
五ツ時ゟ
雨ふり
暑し
今日御奉行様町年寄衆
御頭様へ夫御目見
相済申候尤丸屋仁兵衛様
御附添被成下候事
十六日　上々天気
朝不軽
がすかかり申候
下り風
今日昼迠七月順
115
十七日　右同断
五ツ時ゟ

雨ふり
昼迠
今朝常家仙次郎様
京都へ御出立被成候間
此便ニ金四百両為替取組
右金子加作殿へ入金致し呉候
様頼遣し申候事

十八日　上々天気
間風
今朝ゟ銭相庭八貫文ニ
相成申候事

116

十九日　上々天氣
下り風
今日鍵徳様出立被成候

廿日　右同断
下り風
今日五ツ時北役所へ御用
是有御奉行様ゟ直ニ
御示命ニ而先達ゟ焼
出しニ付夫及金弐百疋
被下置候頂戴仕戻申候
今日五ツ時箱館會所へ
御用仕舞ニ付御酒被下候

117

廿一日　雨ふり

廿二日　上々天氣
今日津輕大津屋九左衛門殿ゟ
飛脚相見此ニ而上〆置申候

廿三日　右同断
今日御役所ニおいて
御酒被下候間頂戴仕候

廿四日　上々天氣
甚寒し
今日柏屋藤吉殿大阪ゟ
戻り被成候事

118（白紙）

119
慶應三丁卯年
正月　　間風
一元日　珍敷上々天気
今日御上様御礼
相済町中大躰
廻り済申候
二日　右同断
　甚寒し
今日者店卸拵
夕方迄ニ大躰相済申候
三日　右同断
　寒し
120
今日産物會所へ
御奉行様御代官様
御礼御呼れニ付皆々
御正判ニ罷出申候事

御客様ゟ
町奉行
　山岸太市郎様
御代官
　原田尉之助様
同
　池田冨谷様
箱館御舩手懸り
　蛯子様
　上村様
御會所
　板倉様
121
　福田様休
　更科様
町老
　㝡取様
　矢嶋様
別段格
　打它様
　大和田様

堺御用達
　山本様
　西岡様
跡
　天屋四良兵衛様
　大和田庄七様
手傳
　木綿屋鹿七様
　御手代　水市様
122
　中村伊介様
御用達代
　釘屋弥一郎
　　庄司幸助
右ノ通御呼れ申候事
御會所過跡ニ
中安へ参り申候
四日　　右同断
　　　上々天氣
今日會合中買
問屋衆中
始賣ニ付此方へ
123
御招御酒指上
申候処段々引合
六ツケ敷漸々遣申候
半時商内相済
皆々引取申候事
鯡直ハ拾枚ニ付
百拾六匁出来申候
気比宮様御供揚申候
五日　　上々天気
　　　南風
小方一統本家
家内衆中蔵開
年酒仕候事
124
庚申様へ参詣仕候
愛宕様へ御供献上仕候

六日　大雨ふり
　南風ニ相成
今日常家様へ御酒
呼れ申候事
天神様へ御供献上仕候
夜前㐂咏丸宗吉様
御越し被成今朝御出立被成候
七日　水雪大荒
右近仁様へ参詣仕候
今朝天屋四「リ両人
相見へ御酒店ニ而出し申候
125
金前寺様へ者多八
参詣仕候事
今日勇丸和吉様御出被成候
八日　朝
　雨ふり
　跡天気
八幡様へ御供献上仕候

板倉藤吉様相見へ
年酒指上申候
永厳寺御札賦ニ付
増主様三人門主様壱人
〆四人蕎麦ニ而呼ひ申候
家内一統蕎麦致候事
126
本家へ右同断遣し候、
九日　雨ふり
　西風
今日者桔光方ニ而
年酒致候し左之通り
常家様　久次良様
新宅様　金蔵様
天四様　此方
都合六人
十日　上々天気
今日佐渡屋方ゟ四十弐才
祝ニ被振(舞脱カ)候得共断申候

麁誠御馳走ニ而御膳
127
贈り呉被成下事
十一日　天上々（ママ）氣
　間風
舩祝相済申候
木村久兵衛様御越し
被成御酒壱献指上
申候事
夕方「リ矢又印
三人招キ申候事
十二日　天氣
　間風
128
今朝長寿丸源次良殿
能登へ乗廻しニ出立
被致候間吉崎行
堀切行安宅行ハ
小松永庄殿へ届ニ而
封し致し同人頼
遣し申候事
十三日　下り風
　上々天氣
夜前大津栄久丸
虎吉殿大坂ゟ戻り
被成今朝河野へ
帰宅被成候間何れ来ル
十六日国元出立被成津軽
表参り被成候間幸
129
同人へ出雲崎(又)
泊り屋又兵衛殿へ
歳始状外ニ当時様子
相返状頼遣し申候
宮川表へも頼遣し申候
今朝泊り屋手舩
長福丸長太良殿知工
又次郎殿梶浦ニ居
申候間店清吉ヲ以

態々当時相返申遣し候
何分ニ茂當所登り
被成候様申遣し候事
十四日　下り風
朝行も
雨ふり
八ツ時分
北雨風強く
夕方ゟ雪ふり
130
木村又兵衛様今日大坂へ
出立ニ成候事
十五日　穴求
雪ふり
今日但馬屋参候處
板倉様御越し被游誠ニ
御馳走ニ預り申候事
今晩幸得丸㐂兵衛様
着
十六日　朝雨ふり
河野連中　天氣
参り被成候　甚寒し
今日宮野屋平助殿
安宅是有之候鯡「リ殿へ
商内被成候事
十七日　右同断
甚寒し
今朝「リ殿より
安宅表飛脚遣し被成候
131
十八日　上々天氣
間風
今日又八知工又助参候
事
清吉三国ゟ今晩戻り申候
塩仁様へ今日四拾弐才
祝ニ呼れ申候誠ニ
御馳走ニ

預り御膳炙物付ニ
御出し被成候事
十九日　上々天氣
間風
浅次良今日着仕候

132
右近旦那様御越し
被游候事

廿日　上々天気
今日但馬屋方幸得丸
天四本家此方四人
連ニ而参り申候事

廿一日　右同断
間風
今日産物會所
入札鯡四百六拾箇
三邊ニ入札ニ相成申候
壱　百廿箇　百五十壱匁五厘
弐　百四拾箇　百五十五匁六厘
三　弐百箇　百五十三匁三歩六厘

133
幸得丸停止中臺下ケ
届願書覚
乍恐以口上書奉願上候
一六百石積　おけ屋庄兵衛
壱艘　幸得丸㐂兵衛
水主共十二人乗
右之舩川御所濱下ニ
冬囲ひ致し置候處此度
当所ゟ荷物積出し仕度
候間御停止中ニ奉恐入
候得ども何卒来ル廿日
臺下ケ致し度旨何卒
御免被仰付被下置段
奉願上候以上
右之趣被聞召訳願之通
御免被仰付被下置候ハ難有
奉存候以上

船宿
おけ屋庄七
岸六兵衛様
岡本権右衛門様
134
廿二日　上々天氣
今日伊八小濱表へ
莚買入御遣し序吉五良
舩買ニ参候事
廿三日　上々天気
間風
太八大坂へ出立仕候
久栄丸舩中連参り候事
魁丸与惣吉様京都
手代安兵衛様同道ニ而
登り被成候事
常家様今日小濱ゟ
京大坂迄御越し被成候事
135
廿四日　上々天氣
間風
乍恐以口上書ヲ以（ママ）奉願上候
一三百五拾石積　手舩
壱艘　仲船頭
源次良
水主共
拾三人乗
右之舩昨冬大荒ニ付損し候所
出来作事仕度奉存候間
御場止中恐入候得共何卒
泉濱下ニ而少々引懸揚ケ
御免被仰付被下置候段
奉願上候已上
右之趣被為聞召分願之通
御免被仰付被仰付（ママ）被下置候
得者難有奉存候、
慶應三丁卯正月
大慶屋庄七
136
郷方御役所様
右之通久栄丸作事ニ付

願上候処場止中故御聞
済無御坐候間内分ニ而
鳥渡引懸作事仕候而
直ニ颪し相済申候事
今日天屋四郎兵衛殿
四拾弐才祝ニ被振(舞脱)候間
呼れニ参り候処種々
御馳走ニ預り申候事

137
廿五日　上々天氣
　間風
今朝長久丸新助様
大坂へ被参成候事
廿六日　上々天氣
一四百石積　大坂
　壱艘　大西屋宗兵衛様
　水主共
　拾弐人乗
右之舩此冬向浦ニ冬囲
仕候処少々損し所御座候間
作事仕度間(ママ)共御場止中
恐入候得共川御所へ少々
引懸揚御免被仰付
　被下置候段

138
奉願上候以上
右之趣被為聞召分
願之通御免被仰付
被下置候得共難有奉
存候
吉五良伊八両人今日
八ツ時ニ小濱ゟ帰宅仕
舩壱艘買入申候
廿七日　上々天氣
庄助今日ゟ参り申候事

139
廿八日　上々天氣
上々天氣今日吉五良
大坂へ出立仕候事

廿九日　上々天氣

二月朔日　上々天氣

二日　雨天ニて
今日古用達年番渡し
村田本郷ゟ此方西岡
両人して預り則但馬屋
方ニ而鴨かい壱はい
模様（催しカ）し申候事

140
口上書ヲ以御願申上候
一何米何俵　何丸何兵衛
　　　　　　　　　舩
右者舩中粮米手當ニ
仕候間何卒津出し之義
御免被成下置候らハ難有
奉存候以上
二月二日　船宿
　　　　　大慶屋庄七
仲惣中
　　町老中

141
三日　上々天気
今日[大]神宝丸臺上ケ
致相済申候
昼後板屋清六様
俄ニ御越し被成候而大坂ゟ
昨日飛脚参候間其
返事相認メ直ニ
飛脚返し申候事
御酒壱盃指上候事

四日　上々天氣
　　　間風
町内御供参詣仕候

142
矢嶋本間豊大五
右三軒ゟ御酒料
出し被成候事

五日　上々天氣

朝下り風
今日昼時過ニ幸得丸
乗船致し候得共風なしニ
候間今晩より巻出し申候
六日　誠ニ上々天氣
下り風
躰丸臺颪ハッ時ニ
相済申候処夫ゟ西風
相成ニ而今晩誠強く
相成雨風大荒吹申候
143
七日　あられふり
西風
甚寒し
昼時天氣
久宝丸定次良殿大坂ゟ
昼時ニ帰賀被成候事
八日　上々天氣
五ツ時ゟ
西風ニ相成
九日　上々天氣
長宝丸臺颪相済
呼れ申候
出雲屋方へ稲荷様用向
参り申候事
144
綿卯様御越し被成候
十日　上々天氣
朝下り風
間風
初午濱稲荷様へ
参り申候事
十一日　右同断
朝下り風
昼後西風
今日久栄丸ニ乗船致
常宮様へ参詣仕候

則御用人様奉行
御代官御目附様
打它様御乗舩被成候
145
多八今日帰宅仕候
十二日　朝下り風
大西風
相成申候
綿卯助様出立被成候
跡雨ふりあられふり
十三日　上々天氣
甚寒し
神宝丸与三良様大坂
出立被成候
神勢丸舩中小濱へ参候
146
乍恐口上書(以脱)ヲ奉願上候
一四百石積　大西屋宗兵衛舩
壱艘
右之舩作事御座候而先達而
臺上ケ仕候處(無脱)作事滞相成済
申候故何卒御免被仰附候段
奉願上候以上
舩宿
大けや庄七
岸六兵衛様
岡本権右衛門様
十四日　西風
折々ふり
今晩上々天氣
十五日　朝少しも
雨ふり
西風
147
今日問屋両仲間一統
岸様御廣間へ呼
御酒被下置候頂戴
仕候事

御用人小畑左衛門様
御取持被游難有奉存候
今晩は上々（天脱）氣ニ相成申候

十六日　朝雨ふり
上々天氣
相成申候
昨日は昼迠者永嚴寺へ
参り御講ニ被呼申候事

148
今晩出雲屋方ニ
稲荷様
颪し致し参詣仕候事

十七日　上々天氣
夜前大坂近江屋清助殿
御越し被成呉岡屋方ニ
逗留仕候事

十八日

149

乍恐口上以書（下上）奉願上候
御当所御所辻子町下濱ニ而
此度私商内舩造り舩仕
度地面長サ十五間幅
六間之作事小屋建申
度奉願上候何卒御聞
済可被為成下候上者御
定之一札奉指上候
——
大工棟梁（下上）
舩屋徳兵衛
同　清吉
年寄
舩屋善助
同　辰吉
岸六兵衛様
岡本権右衛門様

150（白紙）

151
覚
一能州登り　大坂
新家屋儀助

手船
積物〆カス　長壽丸
白子　沖船頭
たら　源次良
水主共
八人乗
〆
右之通無相違御座候已上
三月三日

152（白紙）

153

三日十四日
以廻章得貴意候然は今朝
田波本郷迄多村下拙〆四人
北御役所へ御呼出し有之則
罷出候處此度
殿様京都ゟ直様御参
府ニ付莫大之御金御入用
ニ付兼ニ御願ニ相成居申候
御軍用金當廿一日昼迠
北御役所迠上納致呉候由
御談しニ御座候間此段御通
達申上候則御出張趣左ニ申上候
一四拾弐両　那須
一同　畑守
一同　荘七
一三拾両　大谷
一弐拾両　奥野
一八両　右近
一五両　岡本

154

一弐両　高橋
一同　吉田
一同　廣瀬
一同　荘右近
一壱両　林
一同　佐田
一同　池田
一壱歩　田中
一同　溝口
一同　沢屋
〆

伊東氏ゟ

155
廿八日　　上天北風
城下
一大津屋豊七殿ゟ大封壱通
大津倉指町
高嶋屋佐助様へ　大津屋
一芝居町　　武左衛門
今津屋権兵衛様
蛭子屋茂兵衛様
右ハ天四孫六殿大津迠ノ間
願遣候事

156
去月廿八日付京御用状御達候処
殿様益々御機嫌能被成御座候
就中同廿七日
御参内被游候処長々御警衛
御大儀之事ニ付思召依之
羽二重五端御扇子一箱御頂戴
御暇被為蒙仰候間傳
奏様ゟ御口達有之候段申参候
但し右ニ付京都御發駕之儀ハ
何分御代り之御方様御京着之上
無之而ハ御治定難相成候得共多分
明三日頃御發駕之御内定ニ候
但し恐悦廻勤可下成候
四月四日夜廻り
〆
先帝御謚号《ヲクリコウ》奉稱
孝明天皇様与候様
四月五日夜廻り
〆

157
去ル三日付京都御用状相達候処
殿様益々御機嫌能兼而御内定之
通同日京都御發駕被游候段
申来候東海道十五日經被游御旅
行無御滞候得者來ル十七日御着
府之御積りニ候
卯四月七日
右ニ付恐悦廻勤可有之候

卯五月朔日
今日者常宮大乗坊
頼母子朝上々天氣
一統参詣仕候別而
大乗坊ゟ御馳走預り外ニ
雇子三人金沢加々参り申候
七ツ時ゟ雨ふり皆々直ニ
泊り申候事
新身欠ニ付飛脚夫々
158
今日出立仕候事
二日　上々天氣
今日四ツ時舩ニ而戻り申候
三日　右同断
四日　右同断
今日久栄丸出帆仕候
古川屋久保丸入舩致し候
五日　上々天氣

昼後雨ふり
今日常家様金蔵様
久次郎様新宅様仐
鳥渡御酒指出し呼
申候事
六日　上々天氣
159
七日　右同断
下り風
今日伊勢丸久次良様
出帆被成候事
積立講相済申候
八日　上々天氣
積立講跡勘定
九日　右同断
試講勧化ニ廻り候事
入梅ニ相成申候

十日　雨ふり　始終日ふり
160
夜前網長松両人
江刕より戻り申候事
十一日　上々天氣　間風
綿夘清七殿帰宅
被致候事
十二日　上々天氣
安辰講平口ニおいて
相勤り相済申候
今晩雨ふり
十三日　雨ふり
161
十四日　上々天氣
永厳寺頼母子金催
集會相済申候
十五日　雨ふり　礼断
順番士今日佐柿へ参り被成候
十六日　上々天氣　甚暑し
弥右衛門様午腸相済
大乗坊勧化ニ廻り申候
十七日　天氣　朝五ツゟ雨ふり
十八日　大雨ふり
昨日土屋葬式相済候
162
長宝丸勝次良様入舩
十九日　天氣ニ

今日弥右衛門様方へ　相成申候
牛腸之跡坐敷祝ニ
呼れ申候事
廿日　少しふり
昨日勝次良様御越し被成候
今日御同人様へ御酒
指上申候事
仲間之寄合ニ而久次良方へ
参り申候事此度
御公儀様黒船参候間
問屋中へ宿申付被申則
西岡隠居仮請御座仕候
約定ニ相認り申候事
163
廿一日　誠ニ上々天氣
今日多八上京仕候事
廿二日　誠ニ上々
天氣

永建寺大和尚様へ　北風
金百疋持参致し呼れ申候
　梶浦傳蔵殿
　三国ゟ廻り
五月廿三日
「六五六石　五十本
此運賃　六貫文
外ニ　五〆百四十八文掛り物
〆　十壱〆百四十八文
外ニ書面壱通相済
右之通り原六殿届ケ
申候事
廿三日　上々天氣
164
廿四日　雨ふり御座候
今日惣會所懸りニ
被仰付出勤手傳仕候事
廿五日　曇天氣

折々ふり
甚寒し
今日も惣會所へ
参候事
廿六日　天氣
廿七日　右同断
廿八日　雨ふり
165
五月晦日　上々天氣
雨ふり
今日惣會所店開ニ
付會合脇坐小賣不残
御振舞被游候事
六月朔日　雨ふり
七ツ時ゟ天氣ニ相成
二日　右同断ニ

御座候処
六ツ時半ゟ
上々天氣ニ
相成申候
今日春王丸臺颪
誠ニ都合克く相済申候
昼後不軽御馳走ニ而
雁子ヲ入會合問屋
166
不残奉行申候誠ニ〱
振舞御座候
三日　曇天氣
四日
五日
六日
七日

167
八日
九日　今日朝
天氣ニ候へ共
春王丸惣夘之参りニ
御坐舩相勤参詣
仕候處常宮迠着
候間上々天氣ニ候へ共
着舩之上俄ニ大夕立ニ
相成申候間又々戻申節ニ
大雨ふり
今日三国屋鍋屋
捨吉様帰国被成候
ニ付庄助義ヲ金子
168
請取ニ遣し申候事
十日　雨ふり
十一日　右同断

今晩夜七ツ時ニ
運勢丸様御入舩被成申候
十二日　曇天氣
今朝清助様御上り被成
直ニ鯡引合賣拂申候
今日昼後庄助三国ゟ
捨吉様与一処ニ戻り申候
169
十三日　上々天氣
折々雨ふり
今晩清助様捨吉殿
同道ニ而嘶へ参り申候事
十四日　誠ニ上々天氣
今晩捨吉様堀切へ
乗舩致し御帰り被成候事
十五日　上々天氣
御礼相済
今日八ツ時ゟ於惣會所ニ

おいて（ママ）御奉行所様ゟ
箱館御用役人衆様
手代衆下廻迠一切不残
170
年酒延引ニ付御招被游
御取持罷出申候事
今日折々夕立雨ふり
誠暑し
綿夘清七殿帰宅
被成候間大坂近安行
外ニ江指法花寺様届之
書状三木方へ送り頼遣し候事
噺しへ参り候

十六日　　誠ニ上々天氣
　　　　　不軽暑し
今日茂惣會所ニおいて
准（ママ）番士引取候間御礼として
御奉行様ゟ御酒被下候事
171
昨日七ツ時ニアメリカ舩壱艘
参候事

十七日　　上々天氣
　　　　　甚暑し

十八日　　曇天氣

十九日　　右同断
　　　　　折々夕立
今朝アメリカ舩出帆
仕候事
今日土用入誠ニ暑し
咄し清助様与参り候事

廿日　　右同断
　　　　折々夕立有
観音丸今朝出帆仕候
今朝箱館會所福田様
172
御帰り被游候事

廿一日　右同断
運勢丸清助様　八ツ時ニ
出帆被成候事
廿二日　上々天氣
誠ニ暑し
廿三日　誠ニ暑し
昼後
大間風
相成申候
運勢丸今日出房被成候
廿四日　上々天氣
甚以暑し
野坂嶽へ店一統参り申候
173
廿五日　右同断
誠ニ暑し
下り風

今晩清助巻出し被成候処
又々出戻りニ相成申し候
廿六日　上々天気
昼後ゟ
俄ニ大夕立
大西風
廿七日　上々天気
右近次良兵衛様入船
下ノ関ニ而商内被成申候事
174
六月廿七日
来十二月七日ゟ兵庫開港江戸
并大坂市中江も貿易之ため外国
人居留致候筈ニ付諸国之産物
手廣ニ搬運勝手ニ可遂商賣者也
右之趣御領私領寺社領共不洩
様可觸知候右之趣従
公儀被　仰出候
安政度吹立候弐歩判之儀新金等

引替可申旨申年中相觸置候得は
世上通用停止たるへく候就而は
替引為御手宛百両ニ付弐十両被下
天保度吹立候弐朱金之儀は兼而
相觸置候通世上通用停止は勿論
引替御手当之儀是迠百両ニ付
六拾両之処九十両被下候間右弐歩判
弐朱金両様共所持之者は早く引替
可申候右様格別之増歩被下候上は速ニ
引替可申候若此上持貯候様又は不正
之取斗致候族有之ニおゐてハ相糺
取上ケ之上急度咎可申付候
右之趣御領ハ御代官私領ハ領主地頭ゟ
不洩様可被相觸候右之趣従仰出

175

右之趣　公儀被　仰出候以上
六月廿七日

廿八日　上々天氣
下り風
夕時ゟ大夕立ニ
相成申候
今朝板屋運勢丸出帆
春王丸出帆仕候

廿九日　上々天氣
間風
曇天氣
今日久次良宅ニ而寄御座候処
御上様ゟ馬足割合金三百
八拾五両壱歩出金為致候様
被仰付候へ共仲間衆者漸々
右金高承知被致候度嗳問屋
義者迚も六ツケ敷返答
申上候

176

七月朔日　上々天氣
間風
甚涼しき
夜前松重丸和吉殿堀切ゟ
白子百廿本送り被参此方
丸仁殿へ半分ツヽ御揚被成候

則知工殿へ引宛金なしニ
預り申候事
今日気比宮様へ
石燈籠獻上候処大体
出来揚小方一統不残
寄集り石六ゟ車ニ而
御宮様へ引取申候事
糀屋舩両艘庄元ゟ
商内仕舞入舩仕候事

七月二日　上々天氣
下り風
大暑ニ御坐候

177
三日　上々天氣
下り風

四日　右同断
誠ニ暑し
今日箱館會所ゟ御用
五ツ時ニ罷出候處

寅年蛭子丸魁丸両艘
御買上荷物御拂代歩合
三厘方此方被仰付被下置候
則
金五両三歩
永拾〆三分
右者御會所付御舩買上
荷物御拂代歩合御下ケ
被成下難有憷ニ奉請取候以上
御会所付

178
慶應三年
七月四日
問屋
大慶屋庄七
箱館御産物
御會所

五日　上々天氣
月方入風
昨日八ツ時過ニ伊勢丸久次良様

御入船被成候直ニ身欠
四拾五本商内仕候事
今日七ツ時神宝丸又市殿
入船被成事

六日　少し宛
　　　雨ふり
今朝伊八小濱参り候事

179
七日　上々天氣

八日　右同断
　　　間風
今日船四艘入船仕候

九日　右同断
庚申今日気比宮様へ
燈籠臺丈立申候事

十日　上々天氣
　　　下り風

十一日　右同断

180
今晩九ツ半時大和田
弥惣次殿納屋より
出火致し近所弐軒斗
焼失致し候事

十二日　右同断
　　　　甚暑し

十三日　右同断
　　　　下り風
伊勢丸久次郎様出帆
被成候事

十四日　右同断
　　　　上々下り風

181
十五日　今日はれ而
　　　　暑し

下り風
七ツ時前少し
夕立致し候へ共
直止メ申し候

十六日　右同断
吹廻し少しも
入間
右近伊勢丸入舩致し候事
今晩夕方少し雨ふり

十七日　右同断
間風ニ相成
長寿丸勝次良様入舩
異国舩入舩
久宝丸五郎右衛門新潟ゟ
飛脚手紙着仕候

182
三国ゟ長右衛門殿
白子積登り申候
綿宇（卯カ）殿ゟ金子
八百五拾両持参
被致候事

十八日　上々天氣
夜前幸得丸入舩仕候
今日長久丸天宮丸玉㐂
住吉丸入舩仕候

十九日　右同断

183
神力丸市三良様入舩
昼後下り風ニ相成申候

廿日　上々天氣

廿一日　右同断
亥ニ中村へ参詣致し
神力丸長久丸両艘相見へ
御酒出し申候事

廿二日　右同断

幸得丸今晩出帆

184

廿三日　朝大夕立　大ふり

廿四日　上々天氣

今晩追々舩出帆仕候

廿五日　右同断

長宝丸今日朝出帆仕候

廿六日　右同断　甚暑し

長久丸出帆仕候

神力丸大体不残出帆仕

天宮丸出帆仕候

185

廿七日　右同断

七ツ時ニ少しふり夕立

廿八日　雨ふり

跡天氣

廿九日　上々天氣　下り風

八月朔日　上々天氣　南風

気比宮様へ御供献上仕候

二日　右同断　夜九ツ時ゟ　下り風　強く相成候

三日　上々天氣　下り風

186

一四日　昨日より　大下り風　荒吹申候

此間稲荷様被仰候

金ヶ辻子西町茶町舩町
右町々火ニたゝり居候間
夫々御社宮様へ御供獻上
被致候事然ル處夜前
四ツ時頃ニ河東ゟ舩町濱へ
徒賊相渡り火なふり致し候
間とらへ申事返々致候へ共
にけ去り行衛不知ニ
相成申候今晩三人宅へ
小方三人則愛宕太郎市
三郎右三人雇置夜通し
為致候事

187
昨日七ツ時宮原夘左衛門ばゝ
死去致し候間今日五ツ時ニ
多八杉津へ葬式ニ参り申候

五日　曇天氣
少し風吹止メ申候事
夕方前ゟ
西風強く吹
跡早く止メ
今晩魁丸与惣吉様着

六日　上々天氣
間風
誠ニ強く相成候
今朝永宝丸《江指大㐂》右衛門様
御入舩被成候
異国舩弐艘入舩仕候
鍵徳様御越し被成候事
㐂武助様江刕ゟ御越し被成候

188
七日　上々天氣
今朝飛脚へ大㐂様
書状大坂近安行出し申候
加作行書状はら直殿方へ
封込指出し申候事
今日海里どの加太良様
死去致し知らせニ参り候
間今晩通夜ニ参り候

一八日　上々天氣
誠暑し
四ツ時ニ右葬式相済申候
今日正面町濱ニおいて
昨年始時化致し皆死
致し候舩至善丸高嶋屋
幸吉丸[〇]龍王丸
189
右夫大施餓鬼被致
諸家御寺方一統
御出被成誠信講ニ
被致候世話人
立石屋吉兵衛殿
九日　上々天氣
昼後
夕立致し候
今海里屋灰葬
相済申候
今晩鍵德様方へ
江刕松居久右衛門御越し
被游全伊方へ被招
此方も正評ニ罷出候
今晩大雨大夕立致し候
190
十日　上々天氣
西風ニ相成
魁丸入舩仕候事
十一日　上々天氣
十二日　右同断
殿様壱月四日依御達御登城可被
游処御改被仰達候ニ付御同役様迠
殿様御暇御順年ニ候得共
御小路留主中御人少々事ニ候處
此節御暇不被下候御留主中御誓
儀筋恐得　大儀被思召候様
此上勉厲《ベンレイ》《ツトムツトム》厚忠儀候様被
仰出候間青山左京太夫様ゟ
御通達有之候事
191

関所通方之儀者前々ゟ御䂓
定之趣茂有之候処今度
御變革被仰出候処来ル八月朔日
ゟ別紙之通ニ可相心得候尤是迠
御留守蔵ニ而取扱ゟ廉も以来
都而関所掛り御目付取扱候事
右之趣万石以上以下之面々江不洩
様可被相觸候

別紙

條々

一婦人通り方儀ハ別段之改惣而
男子同様之振合を以相通り小女も
振袖留袖勝手たるべき事
一首死骸邪心手負囚人等手形
無之候共着済之者ゟ證書差
出通り可致事
一諸役人兎角之節上下共夜中
も通り不苦事
192
一鉄砲武器等者其品々着済
ミ右證書指出し通用可致
事
一是迠印鑑引合通行之廚
其義ニ不及候事
右之通相心得可申候
右之趣従　公儀被仰出候
八月十二日廻り
今日大神丸㐂助様入舟

十三日　　上々天氣
　　　　　下り風
本日永保丸市兵衛出帆
被成候
今朝㐂助様大坂へ出立
被成候
今日京茶小殿相見へ申候
193
十四日　　朝天氣
　　　　　下り風
今朝永宝丸出帆致し候
今晩右近仁方へ寄致し候
吉福丸㐂三良様入船被成候

十五日　　上々天氣
茶小殿ゟ金前寺之
先へ参り申候
明朝出立被成候此便ニ
　加作渡り
京枠嘉殿へ金弐百両
手形壱通頼遣し候
十六日　　天氣
試講出立致し
七ツ時ゟ当大立仕候
右近仁殿へ堀内ゟ三拾両手形入
194
書状壱通頼遣し候事
十七日　　大雨ふり
　不軽大ふり
今日惣會所ニおいて
御酒呼れ申候事

十八日　　曇天氣
今日昼時ニ大神丸㐂助様
御戻り被成候
今朝より金山宿へ
小畑様御越しニ付出向ニ参り候事
金山長次良方ニ而御酒呼れ申候
十九日　　曇天氣
小畑様御引移り被游候
御祝儀酒弐舛献上仕候
木綿屋庣七殿へ嬉取祝
為持遣し候事
195
廿日　　曇天気
　朝大雨ふり
　四ツ時ゟ天氣
今日久次郎宅へ寄合是有
町年寄衆ゟ此度岡人
船子旅人一切鑑札提
候様被仰付并船手帆別
金壱両ニ付金五朱宛

出し候様被仰渡候事
惣兵衛へ四人之者立合
与五良左衛門殿願不相替
積荷凪し致し候事官位
之披露弥廿六日ニ致し候
様被申則人数九三百人前
程注文被仰外ニ白むし
弐舛斗致し候様被仰候
其積ニ致し居候事

196
廿一日　右同断
　曇天氣
中村へ参詣致候事
長福丸源次良様入船
被成候事
廿二日　曇天気
　甚涼しき
廿三日　朝雨ふり
　右同断
　甚寒し
　夕方より雨ふり
今日七ツ時金袋丸出帆
仕候事

197
廿四日　上々天氣
　間風
今晩吉祥丸弁三良様
御入船被成候事
廿五日　右同断
廿六日　雨ふり
　昼後
　大雨ふり
彼岸中日
今日春玉様御官位上り候
付稲荷様御一統様へ
小豆飯油揚壱ツ宛賦り
凡三百廿人前諸方へ為持遣し候
惣會所今晩稲荷

颪致し候処一統誠
御悦被游候
198
廿七日　曇天氣
折々雨ふり
今晩大神丸㐂助様
御乗船被成候
廿八日　朝天氣
五ツ時ゟ
少し夜雨
ふり
廿九日　雨ふり
卅日　誠暑し
曇天氣
今日大風吹下り風
夜五ツ時ゟ西風ニ相成候
199
外国人市中游歩之節故も無礫を打
其外不法之義仕掛候者有之候ニ付
是迠度々相觸置候趣も有之候義而は
不法之儀等無之筈ニ候処兎角右觸
面之趣をも忘脚致し候哉今以礫を
打又者悪口等いたし粗暴之挙動
致し候ものも有之趣相聞以之外之
事ニ候以後右躰之者有之候節不得
止事情ゟ外国人共必發炮及ひ
可申若御国人之内不法之所業ニ不
及者迠それ玉ニ当リ怪我等いたし
ニ而者不容易儀ニ付決而右様之儀
無之様町役人共ゟ厳敷可申渡
候若取用ひ不申礫を打候者有之
候ハヽ兼而相觸候通リ無用捨召捕其
筋江可指出萬一見迯シ又等閑ニ致し
置候ニおいてハ其所役人等へも急度
咎可申付候間其旨相心得末々之者
迠心得違無之様厳重可申付置
候右之趣町中江不洩様可被相
觸候
200

右之通相觸候間末々小者等ニ達迠心
得違無之様主人ニ而ゟ訖度可申付
置旨万石以下面々江不洩様可被
相觸候　七月右之趣従公儀被仰出候
今般従
公儀被仰出候御関所婦人通用方儀
追而申談候上は是迠之通被相心得
候様申談置候得共右ハ以来御手判
被相願候ニハ不及候
一御領分中女留口番所婦人通行方
　之義前々ゟ御定之趣も有之候得
共今般諸国口関所通行方之儀御變
革被仰出候付ニ（マヽ）而以来證文書被相願候ハ
不及候
　山中口関所通行之節熊川町奉行
　ゟ被差出被仰印之木札済書等も以来
　不及候間左様ニ可被御心得候
気比宮釣鐘鋳直シニ付町方ゟ勧化
之儀御聞済ニ相成候間世話方相廻り候間
此段御通達可相成候以上
　八月廿七日　　　町年寄

201
九月朔日　　　曇天氣
　　　　　　　朝少しふり
　　　　　　　跡天氣
二日　　　　　右同断
　　　　　　　天氣
　　　　　　　　よろしく
　　　　　　　夜ゟふり
三日　　　右同断
今日気比宮勧化ニ歩行
神勢丸吉五良入船
四日　　　上々天氣
四ッ講河端様へ呼れ申候
五日　　　右同断
　　　　　少し風吹
202
六日　　　右同断

七日　大雨ふり
今晩雨ふり上り処へ
幸得丸入船致し候事
八日　上々天氣
㐂兵衛様越前八三良様へ
骨継ニ被参候事
九日　雨ふり
夜分八ッ時ゟ大雨ふり
四ッ時ゟ日和ニ相成申候
203
十日　曇天氣
長福丸源次良殿臺上ヶ
十一月　上々天氣
今日氣比宮様ニ而鐘入有之候事
十一日　上々天氣
今日神宝丸與三良殿へ
金子百両丈相渡し申候
204
今度御上京ニ付而は先格御領分
在町之者為御出迎大津迠罷出
并於京都捧物等致候事ニ候得共
此度ハ何日間も無之候ニ付御用捨
被成候間支配下之者江右之趣宜
被申談候
此節京都邊
大神宮之御秡　御札其外諸神々
或者金銀等種々之品降り下り右□（虫損）
踊りを催し老若ニ無差別家事
□（虫損）忘れ其事而巳ニ相懸り居候様を
色々風聞も有之怪敷事ニ候
萬一於当所右様之義有之候而は
不相成候間若降り下り候品有之候は
町方ハ町役人郷中ハ庄屋江
申出支配頭へ早々可申達又ハ
為家事を忘れ踊り歩行候
様之者有之候は召捕可及吟味候心

得遠無之様前以申付置候
十一月十日

205
慶應戊辰四年正月四日
殿様御儀兼而申談置通大磯驛ニ
而御不快被為在候ニ付御滞留之処其
後追々御快方ニ而段々御旅行被游
去ル十八日油井驛迠ハ被為入候処御都合
之義も被為在同驛ニ二日斗御
滞留被遊候由尤如御定ニ者無之
候得共来ル昨日大津驛江泊りニ可相成
旨京都表ゟ申来候事
一今般金貸融通之ため五畿
内近国当分之内通用被仰
出候金札之義当夘年ゟ来ル
午十一月迠中三ヶ年之間正金銀
取交通用之筈ニ付右を銀正金
引替可相渡候
右之趣者十九日京都被仰出候此段
可被相觸

206
西海岸開港場所之義者新潟
御治定相成交易之為外国人居
留致候筈ニ候間諸事神奈川長崎
箱館之振合を以諸国産物手廣ニ
可通商賣候尤來ル十二月七日ゟ
開港可相成處御都合も有之
談判之上来ル辰年三月九日
迠延期相成候間其旨可相心得候
一來ル十二月七日ゟ江戸開市之
兼而御觸置候趣も有之候処都
合も有之ニ付各国公使等江も談判
之上來ル辰年三月九日迠延期
相成候間其旨可相心得候

207
旧冬於京都参與御役所ゟ左之
御書付御渡し相成候趣松平三河守(松平斉民)様
衆ゟ御返達有之候旨為心得申
談候
上様御政権を被奉帰候付於朝廷
萬機御裁決被游轉々天下之
公儀を被為尽偏黨之私なき

を以衆心ト休戚を同被游徳
川御祖先之御制度御良法
は其侭被為差置

208
（白紙）

209
　　津出し覚
二月五日
一地米五表　幸得丸
　三斗七升〆　㐂兵衛
一　米十俵　久栄丸
　　　浅二良舩
八日
一　米十五俵　久宝丸
　　　定四良
二月十五日
一　米拾俵　魁丸
　　　與三吉

210
（白紙）

211
八月
一壱本　傘
一壱本　笠
十二月
一弐本　傘

212
~~九月□□たつ~~
~~十七日□~~

213
　岡田様
一七月廿四日　三帖
一廿五日　三ふく
　廿六日　三ふく
一廿七日　三ふく
〆拾弐服代拾五匁
　　此金三朱

214
　つち
　　土屋　十六日
九月十五日三ふく　三ふく
　十六日　十七日　十八日

むし茶　壱ふく　三ふく　三ふく
十九日　十九日　廿五日
むし茶　三ふく　三ふく　むし茶一ふく
〆拾五服　代拾五匁
むし四服　代八匁
〆廿三匁
此壱分弐朱
外ニ
~~此金弐朱~~　菓子料
壱歩
〆金弐歩　くわし壱箱
卯十月　文吉分
廿七日　風薬　三ふく
廿九日　三ふく
〆
十一月十四日　弐ふく
廿四日弐ふく　廿六日弐ふく
十二月
拾日　三ふく
〆十三ふく

代三朱

215
源角
一五月十日　昼壱度
同半分
一同十三日　昼弐度
一同十七日　夕壱度
卯七月より
十四日　弐度　十六日　壱度
十八日　壱度　廿日　壱度
廿三日　壱度　廿四日　壱度
〆
九月廿日　弐度　九日　弐度
十四日　三度　十日　壱度

216
高しま屋
和吉
卯七月十六日　壱度
十月晦日　三百入
相渡ス

中村ば、
七月廿二日　晩壱度
九月十五日　壱度
此礼五百入渡ス
217
江刕表へ鯡御出し
諸懸り入用
十一月頃ニ承り申候
一拾六匁　　山中迠駄賃
壱〆九百文
一五匁六歩　　御札半枚
米相庭
五百六拾匁定
壱舛
一六匁　　莚弐枚
一七歩　　縄代
一八歩　　送り
一四歩三厘　　仲
一三歩七厘　　持ちん
一弐歩五厘　　仲間へ
はね銀
一壱歩　　同　直印
一壱歩五厘　　赤紙
印黒いろ〳〵
一壱歩　　打銀
一壱匁五歩　　懸り物
片七歩
218
〆三十弐匁
外ニ七匁五歩　山中ゟ
海津迠
駄ちん
ニ渡し
〆三拾九匁五歩
百匁がへ
百七拾匁　　鯡
拾七〆匁入
合弐百九匁五歩
此金三両壱歩
壱匁五歩
右之通塩飽屋方より
申参リ候事

219
周達　四月廿二日ゟ廿八日迠
〆六度
三百八十匁
夘五月十八日　壱度
夘盆後
三月
十六日　壱度　十七日　壱度
十八日　壱度　十九日　壱度
廿日　壱度　廿一日　壱度
廿一日幸得丸壱度　廿二日　壱度
廿三日　壱度　廿三日　壱度
五月
十七日　壱度　十八日　壱度
十九日　壱度　廿日　壱度
廿一日　壱度　廿二日　壱度
廿三日　壱度　廿四日　壱度
廿五日　壱度　廿六日　壱度
〆廿三度代四十六匁
風呂薬七匁五歩
〆五十三匁五歩

外三匁　煎薬三帖
此合四百三十六匁ヲ出十月卅日相渡ス

（表紙）

明治三庚午歳十月

日誌

大海　修平

1

十月五日　○

開拓使取扱人ゟ願出候義棒鱈
昆布類濱上之義外品濱ニ而目形
掛候得共各弐品ハ駄数束数改テ受
掛目之義ハ商内出来候節渡方
掛目之砌立合致呉候段
一取扱人へ被下候相成候壱割方之内
四歩之分当人手形ニ而上納可仕様
一延賣商内之税ハ其限月取引
之節上納仕度
右三ヶ条願出候ニ付茂庭價掌
殿へ相談之上重役出勤迠之嬴
含相済之段肝煎塩二あめ権

2

両人江申談候
一久兵衛開商社へ出勤木綿入札有
一町方仕法講勘定會議所ニて
肝煎志輩立會改済
一黒田藩蒸気船贋札取扱荘七へ買
物代ニ相渡シ候次第ニ付京都府ゟ御
調之役人夕方荘七方へ被参候様ニ
聞
一江戸屋ゟ金三十両受取中買株鑑札證
文戻ス

六日天氣○
一知足丸入津中荷荘内米積登
直ハ五斗表ニ而拾両ニ付三俵九分六り
之買ト申事
一春玉丸臺揚ケ
一開拓使ゟ会札九百両預り
一御役所郷方へ閏十月切ニ而百五十両かし
一岡見観山殿御出壱盃差上申候
御同人御尋辰己真治郎殿来ル

拙同伴夕方ゟ金前寺亭江行
同慶ニ而辰己殿取斗ニ而酒有
取寄申藝子弐人来ル
一卜庵今朝立小浜濱へ行

一七日曇天
徳市邑ゟ平野屋分銀内有坪反畝
分米尋ニ付證文面申遣ス
3
当日具合病慶断
一出店贋金掛り壱条ニ而越後石
崎へ遣し置候政吉呼返し候旨被仰
付御藩ゟ御付人荘七ゟ之飛脚遣シ候義
ニ付打它公沾内意伺
一右贋金掛り合ニ而御調中荘七
多八両人慎被申付候
一亀治良単物単笥（簞）ニ入出店へ遣ス
一河端外記石塚組合無盡当り會
断申不出勤
八日天氣

岡見殿鞠山知事様御同道ニ而出濱
一西濱抵当家大浦屋甚兵衛へ賣拂
之事丁内披露丁内ゟ断申来ル
其旨大浦屋親類へ鍵十ヲ以申入ル
一河端石塚掛金三分三朱壱才渡
一多久通商権大祐殿当着昼後社中
申合セ松原江連行
一出店政吉越後ゟ帰国贋札黒田
御藩ニ而引替正札受取都合よく
相済右ニ付市農司三軒小畑様
御届ケ旁
寺田様へ当座御禮夫々迴勤致
4
一贋金調ニ付荘七方へ小巡察日向藩
木間瀬柔三卜申人被越調済大垣へ向被参
候處政吉帰リ無別条分明ニ相成候ニ付而は
木間瀬方へ此旨為可申入当市農司ゟ
御組壱人為飛脚被差立荘七方へ黒田
様ゟ御渡シニ相成候引替方埒済御書下
可差出旨ニ而右書付当御藩へ相渡シ
申候右飛脚ニハ刑法方市村東四郎荘七ゟ

出入常吉相添夜五ツ時出立疋田留リ之積
ニ参リ申候

九日雨

一開商社江開拓税金千五百両振
込手数料三歩為替拾弐両三分壱朱
相渡為替手形受取　為替科百両ニ付三朱
手数料同三匁弐歩弐リ

一那須吉兵衛捨弟大坂主家ニ而大金
不埒ニおよび無拠弁金千五両致候事
ニ相なり候ニ付ハ家政壱統之場合ニ相成
通商へ罷有候而ハ他之見込も有之
ニ付再幸ニ及候迠退身致度旨願
書ヲ以願出

5

一税金五百両預り

一多久通商大祐殿明朝帰国ニ付暇乞ニ出

一大浦屋家代残弐百両鍵屋十兵衛へ渡ス

十日曇天

一五百両通商借入口へ戻ス利足拾
八両三歩渡ス

一郷方ゟ申越さし米之事調方荘司へ
頼遣ス

一名子仁兵衛元利勘定ツリ弐朱八歩戻ス
外ニ空勘定書致遣ス此方帳ニ扣なし

一石塚公来ル荘司金談頼右掛合先方
ゟ返事可有筈

一甚六貸金不埒ニ而御蔵渡米押候趣
無約義頼出候得共趣意なし之願
方右ニ付親類共ヲ以相頼可申旨手紙
ニ而申遣ス

一小濱辻平三郎ゟ書状到来

一開拓寺本由兵衛ゟ昨九日預り置候預通
返却為持遣ス

一御藩ゟ木間瀬柔三殿へ之飛脚
長濱ニ而追付候返事受取今日付
ニ而帰国庄七ゟ付遣シ候商吉同々帰宅

6

十一旦雨◯

一弥三良金大坂へ参リ候ニ付キ其便
開拓掛り税金小野善介殿行為替手形添状

も為持遣ス
一木間瀬殿ゟ御藩へ御返事ニハ黒田
藩ゟ荘七へ書下候文面不審之
廉有之ニ付黒田一応相おしらべ可被成由
依而荘七慎先是迠之通ト相心得候べし
一積立講満会前寄於諸仲會所
取調申候出勤那須山本村田天屋
弥右衛門塩㐂荻原町老矢嶋桃井

十二日日和
開商社ゟ知足丸米之相談申越候
得共帰国中ニ付不参尤出勤も断
一明十三日真禅寺ニ而御振舞有之
旨町老ゟ廻章ニ而申越本郷へ送ル
一表町佐渡屋ゟ之瀬田丁酢藤
家質ヲ以金弐百両貸呉候旨
吉造申参り候得共断申遣ス

7
一石塚殿荘司金談返事ニ被参
五百両取替呉候旨委細ハ明日
幸治郎出頭直談致候よし被申候

十三日雨◯
昨十二日夕池田八良兵衛着
大黒仁左衛門田地調返事来ル
一幸得丸九月廿七日下ノ関着舩三ツ石昆布
百石四百両ニ而賣拂申越
一御蔵改
一用度中嶋ゟ職員録買代三朱ト弐百文
一木崎治良四郎死去之旨四十物屋
ゟ申来ル
一御藩ゟ御酒被下真禅寺ニおゐて
頂戴當席ニ而御頼株買入前金
相渡利足之𡙇兼而壱八ト申上有之
分當節之御勝手甚無利ニハ候得共
可相成候ハ壱五ニ致呉候旨壱統相談
御頼之通御受申上候
一西岡入舩材木五百石目商社ニ而
買入申候

8
十四日曇天
一木崎治良四郎葬式五ツ時久兵衛行

一仲買のと屋塩萬罷出瓦屋和助義
不法相働候ニ付此間ゟ出席留申付置
候得共一向応し不申歟出雲屋者弁当
為拵松原遊参致不届ニ付明日より
馬出し留メ申付度旨内々含呉候段
申越承届ヶ候
一池田八良兵衛殿被参税金七百両預り
一兼而荘司ゟ被頼レ金子五三良俄ニ
帰国ニ付断申来ル
一孫九郎元金拾両利当弐両受取
ツリ弐歩戻ス店へ出シ置
一津内田地掛リ荘屋所置内しらへ
ニ候旨兼而打它公ゟ御申付ニ付聞調
其旨桃井山本那須同々ニ而夜分
彦次郎殿役宅へ申出ル
一知足丸米四百四十俵当晦日切
晦日ゟ勝手歩

9

十五日晴雨南西風
一徳市村六拾五両かし田地證文
引宛但し三通預り弥三次へ渡ス

一開拓出勤池田八良兵衛ゟ承り京都
出張之手代向手宛之義日々壱分弐朱
当履御用達代勤其半数位之見込
当分取極メ度よし申居候
一小夜川下橋普請勧化壱両壱歩遣ス
一椿屋八右衛門見勢ニ参リ候脇ざし弐本
仁吉ヲ以戻スニ為持遣ス
十六日天氣○
一高橋恭平明治講四半口組合之事
左ニ書付ヲ以申来ル
中村弥兵衛　中村屋源治郎
越中や宗右衛門　白木屋利助
松木孫左衛門　網屋吉兵衛
煙草屋十兵衛　〆三口半
残三口ニ相成候分半口銘々減シ
丸壱口半之加入
半　網屋吉兵衛　半　中村弥兵衛
白木屋利助　松木孫左衛門
半　越中屋宗右衛門　残半口不足
中村屋源治郎　此分せわ方持ニ致筈

之積ニ候事

10

一中買蛭子講例年之通河端外記
殿宅ニ而相勤
一積立講貸附金あめ権分弐口共
元利諸仲長元ゟ受取同人へ證文
利足受取書相渡ス
一中買蛭子講出席打它高橋此方
仲間之者西野天四舟清原六塩万
三宅本郷のと吉米七両家江戸屋
若吉磯源

十七日朝雨四ツ時ゟ晴
一油市頼母子席平太掛金弐口六両
一通商久兵衛出勤
一木崎治良四郎へ香でん金弐歩退夜
料壱両御明壱朱七日仕上香でん諸弐舛
御明向三百文包
一開商入札若狭莚荷物七匁五歩
そうめん拾七匁壱歩買手天屋
一越後屋京行ニ付床廻り木材買入
当ニ金拾五両渡ス

11

一甚五郎臺箱買入当ニ五両かし
右同人
一金壱両相渡壱斤壱分弐朱位之
茶三斤買入頼遣ス

十八日天氣
一久兵衛小濱へ出立買物当廿両渡
一木崎治良四良へ香でん持参悔ニ行
一飴屋買入之材木割合
一徳市邑ゟ證文受取
一岡見殿辰巳皆々内々ニ而金前寺亭行合
わり壱両弐朱相成取替大和屋へ遣ス

十九日雨◯
一知足丸臺上ケ昼時昼後小かし
宅ニ而町老三人京出動両人社中壱盃
取斗
一開拓處へ出勤
一飴屋買入之材木受取

一木ノ下方京茶幸わくかニ初面會
廿日
一通商出勤
一積立講貸付江戸屋分五十両内入
12
一椿屋八右衛門脇差拾六両ニ買取呉候様
頼状来ル
一弐拾五両大良屋吉兵衛質屋株代金
五十両之内廿五両渡シ残弐十五両分
河内屋清介へ為持遣ス
一右同人隠居遺物米三俵之内弐俵ハ
渡済残壱俵嘉右衛門ヲ以為持遣ス

廿一日夜晴◯
一弐百五拾両名子仁兵衛かし
一積立講満會終永覚寺勤
一同講市農司貸付六百五十両
之分明治講ゟ受取積立講へ
戻ス
一壱両壱朱◎(銭)両替積立講之分

一積立講満會ニ付配当百三十五両受取
13
廿二日天氣
一積立講配当本郷天屋預り之分
弥助ヲ以為持遣ス
一同講分拾両札三枚五両札弐枚村田
返済之内替金右會社ゟ出候分ニ而
同處へ替ニ遣ス赤札ニ而受取
一鞠山権知事様今日小濱ゟ御戻り
之旨丁内ゟ觸ニ来ル
岡見殿御供ニ而被帰土産ニ中鯛二枚貰
一通商出勤
一郷方ゟ閏十月御手形廻ル
一積立講勘定出勤山本村田
荻原打它矢嶋此方
一通商ヌレ米入札弐両弐分壱朱落札
一京都茶幸同伴天四弥右衛門御都合
常宮参り誘引ニ預り候へ共断
一積立講入用小札ニ而塩㐂ゟ廿弐両
取替之分戻ス
14

廿三日天氣　御蔵出勤〇
一八両壱分壱朱七百三十壱文五ヶ村頼母
子鬮当リ割合のと屋ゟ受取
一五両糸帯代之内さへ取替分戻ス
一山本那須同々ニ而木ノ目川筋
土橋ゟ六本橋迠見分夫ゟ元川
筋田畑地歩行仁左衛門忰案内ニ而
宮長軒へ出ル木宿隠居ニ而壱ふく
常吉宅ニ而柿五百文買夫ゟ金巳へ
三人同々ニ而行金巳ニ而壱盃初ノ中
場より米七奥殿同々ニ而来ル奥野屋
勝ニ◎か三文似する五ツ時分ゟ山本同々ニ而
天神社吃喰芝居立見ニ行五ツ半時
戻ル
一池田八兵衛今朝立三国表へ行
二十四日天氣
一市農司へ明治講ゟ満會五百七十両
之内三百両盛五郎ゟ手紙ニ而受取来ル
跡二百七十両弥助為持遣ス
一明治講集金勘定尻三百五十両
此方取次名前ニ而通商社へ預ケ
一仁吉小浜ゟ戻ル
一谷沢江戸屋へ明治講ゟ切替貸付
夫々入帳済
一金壱歩新日稲荷へ寄進遣ス
15
一積立講年尻ニ明治講江相渡ス
一京茶小殿へ秋田漆喰籠進上
右昨年おいと京ニ而散財よばれ候禮
一質屋中間頼母子表子講出席断
一壱両壱歩荘八しけ雇セん遣ス
一壱歩あたご道直し寄進遣ス
廿五日日和寒風
一茶幸帰京昼立
一辻半三良ゟ飛脚参り貸付元利之
内之五百九十三両壱分受取残り八百両
ハ当晦日迠ニ早瀬浅右衛門持参之旨
申越右返書受取書飛脚へ遣ス
一海川称名寺誂置銀印銅印
持参

一石倉被参西岡寄進廿両余之分
無拠承知併名前ハ不出呉候様
ニ而含呉候旨申越

16

廿六日天氣寒風
一常家久治良方ニ檜木有之右配分
吉三ヲ以頼遣ス
一飴屋材木代七拾八両三朱六百六十六文
為持遣ス
一浅川権大主典殿三国ゟ帰今日当
津着
一庚申講明廿七日廻文来ル五十一文渡ス
一丸屋ゟ鯛二枚到来
一浅川様へ鯛壱枚見舞ニ上ル
一開拓社壱統釘莊行

廿七日天氣
一開拓出動浅川殿明朝帰坂ニ付
税金勘定御同人へ封中ニ而御持帰り
右勘定上納分左ニ

覚

一金七拾弐両弐歩　通商司
永四百四拾文　御取扱弐歩方
御上納分
一金八百廿九両弐歩　九月迠
永弐百三十八文四分　税納〆辻

17

合金九百弐両弐歩弐朱
永五拾三文七分
〆金百拾三両三歩　九月迠
永百拾六文六分也　御入費〆辻
差引残
金七百八拾八両三歩
永七拾弐文八分
内金五拾両　浅川大主典様御
受取書壱通商社
ニおゐて書付引替ニ
御渡可被遊事
七百三拾八両　御同君御便封中
三歩　官札ニ而上納分
○六百八拾文
此所へ壱朱納ル

〆此分此方預り之内ゟ出金渡ス
右之通ニ御座候間御改受取可被下候
尚又追々上納分御廻シニ付別紙通ひ
相添差上候向後此通ニ受取御記
御返可被下候以上
庚午十月廿八日　敦賀
御用達㊞
大坂
御用達御中
右勘定書并ニ通壱冊寺本高橋此方
印鑑浅川様受取手形外ニ小濱納
18
税金七拾壱両壱分弐朱◎百八十八文
当會社御用達ゟ取替壱統ニ相納入候
一網屋傳兵衛天屋五良右衛門重立取扱
人可被申付候事
一舩野屋清左衛門中買元締役被申付候
一杉津屋孫左衛門客棒たら拾五束抜荷
露顕ニ付御規則通荷物取上ヶ舩出帆留メ
宿慎ミ被申付候棒たら入札ヲ以賣拂半高
出訴人へ遣ス
一池田八良兵衛御用達出勤被免候
一小野善助代寺本芳兵衛御用達被仰付候
一岡見殿御出丸山調達之壱条寺田君へ
御内話ニ而拙子ゟも可申上様承申候
廿八日曇雨寒風
一浅川様七ッ立御帰館
一通商へ拝借金五百両利足七両弐分
戻ス
一三十両小◎御役所へ渡ス
一五拾両春玉丸いりこ代受取ツリ
三分弐朱戻ス造三へ
19
一四百弐拾八両弐分永九貫五十三文
春王丸松前烏賊八十五俵代之内
江出店ゟ受取
一越後屋甚五良乙兵衛京ゟ昨日戻ル
誂茶三斤受取不足分弐朱渡ス
一残九百拾貫文両替弐貫さしニ而
拾弐貫文丁内ゟ觸来ル
一久兵衛小濱ゟ帰宅

一石塚ニ而壱酌那須室塩𪜈此方
二十九日天氣
一久兵衛送り来ル者帰濱為致右便
開拓使ゟ小濱出張㕝江之手紙為
持遣ス
一打它様御立寄黒田藩ゟ荘七へ渡
ニ相成候贋札引替添證書之寫
御同君入へ差上申候
一通商出動那須出頭再勤ニ相成
是迠身元金五百五十両ト四百五十両ト
弐口分之内四百五十両当分返し呉
候旨右ハ兼而歎願之筋ニ寄
願ニ付壱統相談之上聞済
20
之返事スル
一夕方ゟ寺田君へ伺鞠山藩へ調
達金当御合併ニ付寺田様御掛リニ付御同君へ
可然御下ヶ金之事願置申候
閏月朔日天氣

一六拾五両徳市村ゟ受取
一六百両辻半分早瀬横屋弥市
ゟ受取
一弐百両之内百六十五両酒屋ゟ受取
同三十五両受取
一開拓社出勤
一御税金之内四歩上納弐歩取扱人被下
弐歩御用達入用引直リ残り會社積立
之御覌則ニ候得共金御用達ニ被下候
筈ニ付月々晦日ニ難有頂載之書物
可差出事ト浅川大主典様ゟ承リ候
尤当所御用達弐人京都出張寺本
〆三人割之事
右ニ付代人差出候者之月給ハ其元ゟ
可遣至当之旨是又被申候
右之段十月廿七日夕伺候㕝朱書
ニ而御返答被下候事扣へ置
21
一咋晦日夜磯源へ盗人押入候様子聞
一打它氏へ龍眼肉送ル
二日曇晴◯

22

開拓通商出勤
一安孫子ゟ普請見舞再三断候得共
押而持参リ候ニ付金壱歩遣ス
一右肴寺田隠居様へ差上ル
一鞠山大殿様今日江戸ゟ御帰国天屋ニ而
御小休ミト申候事
一越後屋買付之内京ゟ片杉壱枚来ル
一仁吉改名平助ト相改メ候

三日天氣
一小濱辻ゟ手紙態人來ル金札千両
貸渡シ但し利足月ニ弐分来二月晦日
先之口三千両證文戻ス
一御蔵昼後出勤
一出店ゟ春玉丸荷之仕切残金
之分百両亀治良持参受取
金壱歩
一質屋中間頼母子送り可申候岡本へ
一弥三次ゟ徳市六十五両利足壱両受取
ツリ壱分壱朱とく市此内四百四十八文戻ス

四日朝雨四ツ時ゟ日和
一久兵衛通商出勤
一開拓使出勤兼而抜荷壱条ニ付松川屋
孫右衛門慎申付有之處今日差免申談候
一池田八良兵衛昨夕三国ゟ帰社今日七ツ時
召出シ御免御談ニ相成趣
一吉田清五良昨日小濱ゟ帰社
一來ル六日開商社夷子講近江屋清
吉宅ニ而相勤候趣廻状ニ而申越

五日曇天
開拓出勤十月中税納入用差引
勘定小濱十月中納り分共吉田
清五良帰京ニ付同人へ相渡小野善助
助(ママ)へ為替相頼尤過日弥三良金便りニ
小野へ千五百両振込分ト比度都合
ニ致金千五百六拾八両弐分◎五百五十八文
大坂御用達へ相渡ス
一久兵衛通商出勤
一綿清夷子講久兵衛呼れニ行
一京平同々ニ而寺田様へ罷出岡見様

ゟ御内意丸山仕法講之事内伺候處
23
権知行(事)様御手先之御仕法之義ならハ
別段御心付無之趣ニ御坐候而一寸壱盃
頂戴仕居候處へ山本傳兵衛来ル右半
時皆々同々ニ而帰宅
一小濱ニ而脇さし小道具新調直段
聞合之義頼置
一岡半へ夷子講割弐分不足分渡ス質屋分
一古河幽四郎妾服宇十良卜申者京都
小紅屋ニ奉公罷有同勤池田八兵衛通商
掛りニ而当地ニ罷有其續ニ而当地来ル
土産ニ紅木綿壱丈斗持参

一六日天氣◯
開商社夷子講近清ニ而相勤
久兵衛同伴出席
一四十物屋ゟ三百両受取
一諸職人手間下ル店ニ扣へ有
七日雨風

一開拓使ゟ三百両預り
一永厳寺大盤若修行明八日満會
米弐俵施主ニ遣ス
24
一高橋恭平ゟ手紙参り当月十日
金子五百両開拓税金之内ニ而取替
呉候旨尤御藩御入用金ニ而当月晦日
返済之趣申越候ニ付承知之旨申遣ス
一大乗坊掛金拾壱両内壱歩花壱朱造用
差引岡半へ相渡ス
一当月三日都筑平六郎様御老
母御不幸之旨今日書状ニ而御申越

閏十月八日
一市農司調達五百両高橋恭平へ
渡ス證文受取
一久兵衛永厳寺参詣

同九日
久兵衛開拓
通商出勤

一岡見殿ゟ手紙参候古米ト酒壱挺（ママ）
配分致呉候旨申越
一福井ニ而七ツ時分打它公へ行
25
十日雨荒
一山崎傳七明十一日帰京ニ付職員録代
三朱ト弐百文
一右同人江注文景引手扣へ之本代当ニ
金弐歩相渡ス
一仁左衛門津内仕法講之事申來ル
一久兵衛通商出勤
一清水源蔵殿ゟ兼而頼置候三樹公
半切掛物表具箱代書付来ル
表具代金三歩箱代三十五匁
此三百拾出金ニ而当七匁弐歩弐りニなル
右代金古治へ預ヶ置候過金ニ而
可渡心得也
一前田志津悴宇十郎参り幽四郎殿
ゟ砂糖壱箱志つゟ巻縮壱箱持参
昼飯振舞
一通商ニ而京券弐拾壱両引替願

一阜岐屋（下上）新七悴松之介兼而結定
帰国不相成處親大病ニ付内願ニ付
市農司打它彦次良殿江申上置候處
急即御一心之折柄屹度立差免
26
ハ各自無之唯何となく世間流通致
ニ而不苦此旨心得可申入旨昨九日内意
有之候ニ付其旨親新七へ申入ニ当節
新七病中ニ付親類板吉へ申渡ス
一津内五良助新介參リ邑仕法相勤
度候得共兼而危敷成行ニ付相續茂
六ヶ敷候ニ付詰リ村方為筋ニ相成候様
願度旨申候ニ付山本那須へ為相談
精々為筋心付可申旨申入置候
一昨九日夕名子二右衛門弐百五十両口へ七十両
入金ニなル
十一日天氣〇
隣家玄関立前ニ而職人壱盃呑シ
一小濱増田耕作ゟ竹原金比羅葺替
寄進集頼來ル

十二日雨
一質屋類母子所券當金桃井ゟ
受取桃井ト合受ニ申合預り書帖
へ記シ調印桃井へ為持遣ス
一越中屋頼母子掛金出壱朱受渡ス
27
一竹原金比羅寄進集本郷西野
江向中買中寄進之義頼遣ス
一正昼時今濱邑焼失之旨但し壱軒之様子
一通商久兵衛出動
一京券廿壱枚東京銭札壱朱壱枚敦賀
券ト引替受取但し十日ニ頂ヶ置候分也
一兼而中買ゟ届出候瓦屋和介馬出シ
留之義一昨十日仲買中ゟ差免之段
のと屋ゟ届出候

十三日大荒
久兵衛通商　小切大吉頼母子
御蔵出勤　取番平太出席
都築平六良様へ悔状扣

一筆奉啓上候然は御母堂様御
義兼而御病氣之趣不相聞叶
御養生去二日申下刻御遠行之旨
御高書奉拝承奉驚入候寔ニ御
平生別而御厚意ニ奉預り候趣御病中
不奉伺候段一入残念奉恐縮候御順当
ニハ被為有候得共嘸御残意奉恐察
28
乍恐以愚札御悔奉言上候随而
粗品聊御香奠迠奉呈上候乍憚
此旨御殿君様方へ御取次ヲ以宜御申
上可被成下候恐惶頓首謹言
閏十月　大和田修平（花押）
都築平六良様
御家頼御中

十四日天氣
一久兵衛通商出動
一石塚木綿屋豊七金子之事
頼来ル
一西野金子之事頼居且直次良

行体ニ付長谷川清三良被参候様子
心得置呉候旨
一池田八良兵衛参り開拓使願書不納趣
乍併跡之屓頼ミ申事
通商掛リ京平頼出候義相談致呉
候旨
一隣家高塀立前スル
29
外ゟ
一壱両壱朱相田芳松詩作本
　六冊代料
十五日雨〇
一通商出勤
一紙入ゟ弐分弐朱出手拭拾筋買
一小舩屋夘十郎買物代拂
一権知事様御出濱五ツ半時表通行
一小濱御藩去十六日知事様ゟ御命シ
上下壱藩新格迠格式御廃止ニ而
席順ハ知行高ニ應し可申当分
右心得之旨被仰渡候様子ニ承ル

一木綿屋豊七百両未正月切
ニ而かし利足月弐分
十七日天氣
一都筑平六郎殿へ悔状香でん
外弐歩相添宇十郎へ便頼昼立
一昨夕四十物屋ゟ三百両受取
一昨夕觸状之写
　自今平民苗氏被指免候事
　　庚午九月　太政官
30
酒造之義当年ハ諸作豊熟
ニ付免許高皆造被差免候事
　庚午九月　太政官
右之通於東京御達有之候条此旨
相達候事
　　閏十月
一若麿様御儀去月廿九日被叙従
五位之旨被為蒙
宣下候事
一御同所様去ル二日兼而願之通被聴

元服昇　殿之旨被為蒙
宣下則御参　朝被拝
龍顔　天盃御頂載可成事
一御同所様自今新従五位殿与可
称事
右條々為心得相達候事
一河端外記参り平田先生著述
本之内氣噴颷上下弐冊壱組
古史辭經四巻壱組
31
右弐組頼ニ付貸遣ス
一高橋恭平ゟ開印貸付分五百両
外ニ利足七両弐分受取證文戻ス
十七日天氣　通商
一木綿屋豊七貸付之内京大津券
右ツルガ券ト引替遣ス
一石塚被参有栖川殿御用掛古門之事
右ハ当節不用ニ付賣拂山本傳兵衛へ
譲り約束
一西の甚三良参候明後十九日五百両貸
渡之約束スル
一昨日受取候高橋江五百両之内弐十両
引替金通商小を以熊吉ヲ以申遣シ右
代り明十八日可渡旨申参り候
一若麿様御㐂悦之御廻状ニ付恐悦
廻勤小畑寺田市農司之新鑑察被参候
外ニ
一井政鍔壱枚買代三分弐朱渡ス
一津内村仕法講立替相談ニ頼出候ニ付
諸仲會掛かり受山本荻原那須
集談五良助新介両人呼ニ遣ス
32
十八日半天　久兵衛通商
一西野ニ金九百両晦日切ニ而かし但シ申出
一永厳寺ゟ葛壱箱出來
一開拓使御會掛轉社高橋恭平
元宅へ御移りニ相成平助手傳ニ遣ス
一小濱ゟ畳瓦相廻り候得共海荒波ニ付
昨夕常宮濱へ掛リ候趣ニ而舟断申参ル
一開拓掛轉社ニ付酒盃ヲ仮頂戴仕候
ニ而六ツ過帰宅

一御陣屋ゟ柳猪大掛物戻ル
十九日天氣　通商久兵衛○
　開拓修平
一竹原金比羅勧化帳吉三へ相渡シ
船手御宿廻志之義為頼
一弥三次参り幸客ゟケヤキ○ナシ之木
尤古木よく枯たる物所持ニ付分当
ニ致旨申來ル
一木綿屋豊七ゟ證文受取
一小畑佐右衛門殿江鯨弐切差上申候
一開拓社壱統釘泉行
33
廿日天氣
一百八拾両名子仁平かし但し子ゟ二年
一三両桶㐂様舟子掛金三番綿清
一津内仕法講之事ニ付内々打它公へ出ル
山本荻原同々
一寺田公御用ニ付今朝御用状封来之趣ニ而
昼立ニ而出濱被成候

二十一日天氣○
一石塚参り荘司金子霜月朔日
ニかし呉候旨
一仁三良参り晦日金子二百両貸
呉候旨
一荻原参り若麿様御結講ニ付
御供獻候ニ付是迠打它格之分別ニ
差上候得共此度ハ壱統ニ差上候而ハ
如何町老ゟ心付之趣相談之旨申越
候ニ付当方ニハ別段存付無御坐候間
可然ト申遣ス
一幸若殿へ見越ニ植候真木配当
之頼ニ行酒肴めし被呼申候
一嶋頼母子三會め宿小西ニ而相談
連中會合ハ当會ヨリやめ
親掛戻しハ当年ゟ八ヶ年
34
済之願ニ付当年ゟ拾二ヶ年
割済ニ用捨
一二番掛戻しハ定法之通廿壱両弐分
ハ当年ゟ八年之間掛戻候事

右之通決評になり則帳面ニ記シ置
出席土屋　酒本郷　濱五　天四
　角七　舟清　田保　此方

廿二日　曇天　通商久兵衛
一幸若殿ゟケヤキ板四枚ナシ敷居
三本受取
一油市ゟ大鯛壱枚到来常家へ遣ス
一鎌吉乳母親跡居宅相求候ニ付
右買家引宛旦給金宛として三十五両
貸付遣ス
一卜庵新田荘屋ゟ頼ニ而米拾表
預ヶ候ニ付金弐拾両貸呉候旨
一糸平シナ米口會社ニ而六百十両借口
尚朔日之覅大扶ニ付追かし加
引受歟無利足ニ而来四五月迠
見延ヵ三（ママ）段歎願致度ニ付内々
右御置呉候旨願居候

35
一若麿様御武運長久之ため
御供奉獻格式中之免許迠壱体
ニ加リ貰ひ候様打它辨治良様同格
三人丈町老年番高橋久兵衛ヲ以
願遣ス

廿三日雨　久兵衛通商　御蔵山本昼後
一小濱丹治帰国ニ付瓦代表具箱代共
古治預ケ金之中ニ而為替持相渡シ候旨
同人方へ手紙遣ス
一通商拂近清口ト木隠行白木屋行ト
割合出金ト差引残壱両壱分相田
用度方ゟ受取
一土屋ゟ嶋頼母子掛戻割合受取
一開拓使掛り山下抜荷宮ノ腰ゟ申來
候ニ付山下呼出シ相調之趣手代源太夫
申來ル
一当覅常在小参事池田冨谷殿被仰付
候趣改名池田退三殿申行方百太良殿
弟子三良殿権少参事被仰付候
一寺田純藏殿當藩権少参事
刑法掛リ於小濱表テ被仰付候段
御子息泰一郎殿ゟ廻章ヲ以御報知

被下候

36

廿四日　天氣

一山下五右衛門客拔荷壱条加州出張
𫝶ゟ申越候ニ付当御會𫝶ニ而同人呼出
御調御当藩へも御掛合ニ相成候趣

一右同人肝煎あめ権同々至急ニ出ル

一中買のとや米七召出彦根表商方
取果後御領分肥屋買荷御差留ニ付
当𫝶中貫へ買迷惑右ニ付彦根表へ
歎願ニ付当御藩ゟハ添簡願済明
廿五日着書出立可仕旨参ル

一打它公へ積立講せわ方連名
書付出ス

一夕方ゟ小畑様へ窺御肴御酒
頂觀四ツ時引取湊殿矢部殿打它殿
近作利三右衙門糸平

廿五日　曇天

一若麿様御祝義ニ付気比宮へ
御供獻参社麻上下ニ而拝禮

一山下五右衛門詫ニ来ル

一右同人不調法筋ニ付重吉殿山本室
相談ニ來ル同意山上惣兵衛高橋
内意申來ル

一水藩永厳寺ニ在留之中子愛之介ト
申者本国帰足ニ付急ニ來壱歩遣ス

37

廿六日　荒○

一開拓出勤

一小濱嶋長悴当𫝶へ用事有之ニ付
立寄夕飯振舞様子主《（ママ）》ルス

一西野ゟ貸付内へ五百五拾両受取

廿七日　雪荒

一京洲山崎傳七へ頼置候薄葉懐中長
五冊送り來ル

一市中方被下米通預り

一幸得丸ゟ書状來ル備中笠岡ニ而
商内鯡五百八十七匁〆粕弐百弐十壱匁
賣拂之事

一沓浦田中平右衛門貸百両利拾八両元利受取

證文戻ス
一木豊ニ百両かし
一高橋ゟ替金弐十両受取
一大分屋吉兵衛親類へ無案内土蔵
賣拂之約定致候由綿清申來

二十八日　雨◯
一通商出動
一永厳寺仕法講勘定掛金弐両ト
38
預り金利足弐両三歩八リ取相渡ス
一四拾壱両三朱寄金荘七預リ番ニて
同人不参ニ付預り同人へ翌晦日ニ相渡ス

二十九日曇
一椿屋八右衛門脇さし持参拾五両ニて
買取遣ス
一通商ニ而千両借入
一沓浦ゟ百両元金受取利足入
一荘司孝次良ゟ千両貸付鯡千百包
書入為持遣ス使平助

一職人手間五十両小拂拾四両弐分壱朱
一四十物屋ゟ四百両受取

霜月朔日　曇◯
一三百五十両九匁三分五朱元利受取
證文戻ス西野甚三良ゟ
一郷方ゟ元百五拾両り七両弐分受取
證文戻ス
一開拓使五百五十両預り使宗兵衛
一鞠山隠居君昨晦日小濱ゟ御帰館
權知事様今日同行岡見殿迎ひニ出ル
一開拓壱統金伊行
39

二日　天氣
一金千両通商へ戻ス久兵衛出動
一綿清ゟ五拾両受取替金五両戻ス
右同人桶㐂頼母子取番ニ付此方受人致
一当地出張御役皆替り候廻文來ル
一近來繩莚賣買不締ニ付問屋壱統脇壱統
相談之上議定書拵連印祐光寺ニ而
參會打它此方町老立合申候

三日　雪降　久兵衛通商
一御蔵改
一那す吉兵衛四拾両正月切ニかし
一名子仁兵衛四十五両かし
一弐両三分壱朱通商千両かり〆三日分
　利足久兵衛へ渡ス
一内海参り座敷サマ壱組買取
四日　天氣　通商
一通商ゟ官礼見本之義本局へ申遣ス
一同名目ニ而米七舟清米賣拂
一明日ゟ久兵衛義出納方役被頼候
一湊打它矢部へ祝びニ行寺田殿へ
　帰宅之見舞ニ寄小畑殿へ時候見舞
一備前屋浅七ゟ脇ざし見せニ來ル
40
一京平立寄色々咄有
一五日
一湊打它祝儀酒弐舛三本入壱ツツ、
一寺田矢部帰役ニ付送別昆布弐把七枚ツ、
　寺田氏へハ雲丹壱箱添
一通商清算ニ付出勤
一千両返納資金拾両拾枚之分元之侭
　当分預ヶ旁戻シ置
六日　天氣◯
一椿屋ハヽ脇差し代拾五両渡ス
一鎌田重五郎今朝帰足
一昼後御蔵勘定荘司へ行
一夕方岡見殿被参御一宿之積
　壱杯出シ四ツ時郷ノ孫八ゟ使参り
　丸山大殿様御泊り之様子ニ而御同君
　ゟ岡見殿呼ニ来ル岡見殿同々ニ而
　此方郷ノ孫八ニ而御相伴スル
七日
二酔金巳ニ而山本傳兵衛同游荘司
那す室京池田呼ニ遣ス來ル
安孫子へ明八日祭り香玉明神之事
41

中付ル暮方引取
八日天氣
井政ゟ赤銅トヱ買目形壱貫弐百匁
百弐十歩替
内海へ狭間代四両弐分遣ス
丸山藩へ行土産ニキ印五樽持参
獻上老若殿様へ御目見御酒肴
御飯頂戴尤御前ニおゐて以來御家
庭館入之義御談事御筥入頂戴仕候
而夕方引取同々室五良右衛門同意
被仰付候
九日荒
一壱分壱朱弐匁備前屋浅七宿へ代
遣ス
一寺田殿へ暇乞ニ行脇差金具
頼庶ニ紅葉之目貫預ヶ置
一打它殿へ山本同々ニ而出津内之事
頼置也
一なら田殿へ道外昆布弐包遣ス

十日天氣
一岡見殿傳言丸山君盃拵之事并ニ
御家庭御立入之事傳言
一開拓出勤
一備前屋浅八ゟ短刀かり受寺田君へ
42
為持遣シ小濱ニ而かんてい願置
十一日　雪荒◯
一御蔵勘定終日荘司入出席
十二日　天氣
一御蔵勘定前同断
一京住荘司佐太良へトビ合羽仕立誂
羅紗ハ此方有合遣ス
一幸得丸ゟ五日出手紙大坂ゟ來ル
一《(ママ)》十三日
御蔵出勤帰路打它公へ出津内之事内談
池田退三殿御出打它ニ而御めニ掛ル金山拂

米之事承ル夫ゟ山本同々那すへ行
津内之咄拂米之相談スル暮半時
帰宅
十四日　雪降
一開拓出勤扱人歎願延賣税納
其銀目取引之節可納之段
御用達奥印ニ而聞済ニなる
一津内ゟ頼仕法講之事新介
五良介呼取断諸仲會所ニ而山本
那す此方三人立合
一糸平金山千表御拂米之事
相談ニ罷出候ニ付三両之内弐朱
引ならバ引受可申間一應
小濱表へ御尋合之事池田
43 良(退)三殿へ糸平ゟ糸上候様頼遣ス
十五日　半天○
一三百両調達桃井へ渡ス此分出店
ニ而かり翌十六日戻ス

一池田退三殿へ酒弐舛扇子箱祝儀遣ス
一長山三事良振舞断申遣ス
一糸平出京暇乞ニ来今昼立
一津内仁左衛門徳兵衛夕方來ル
十六日　天氣
一石塚へ見舞ニ行
一長山へ祝儀酒壱舛女半ゑり遣ス
一荘司佐太良へ上下染物いと着物〆二品
遣ス
一御蔵ゟ三ノ日之處旧法之通以來
四ノ日ニ相成候段中根ゟ申來ル
十七日　雨
一藩廰へ罷出候處長嶋岡本高木
志垣椿田辺役名変革被申付候由
一加じ半三郎へ内かし金五両渡ス
十八日　大雨風
一木綿屋豊七参り矢嶋ゟ之談
諸仲會所へ引取

可申旨

44

一津内村ゟ夫銀割下ヶ受取

一弥三次本物頼ニ來ル

十九日　天氣

一藩廳役入方へ寒氣見舞ニ行

一取扱人ゟ願白子〆粕渡し方之節
手代立合正目形ヲ以税可納旨取次
茂庭氏へ申入聞済ニなる

一御扶持方受取手形名当
湊権大属打它権少属両名ニなる
趣意方租税掛りゟ申越
右御扶持人へ廻章ニ而申入ル

廿日　天氣〇

一座敷之廊下立前職人中へ酒肴
仮振舞

一名子へ四十両かし

一山本ゟ甚大家有栖川殿御門代
弐両弐歩受取矢嶋へ為持遣ス

一岡見殿ゟ米相庭答合之書状
来ル古米弐両三歩ゟ三両新米
弐両三分弐朱ト申遣ス

45

廿一日　〇

越中吉久米買入相談通商ニ而終日
但し知足丸掛り之者斗

一津内村歎願今日願済御聞ニ相成
よし仁左衛門徳兵衛申來ル通商社ニ而
山本耶す同席承ル

廿二日

一明日出立元三徳蔵米買人ニ遣ス手付
金三百両渡ス外ニ拾両道中金
当渡ス

一吉蔵ゟ壱百三十両壱朱拾両〆四十両
預リ札四十両無利足ニ而かし

廿三日　天氣

吉蔵徳三出立

岡見殿被参一泊

鞠山御隠居室ニ而御泊り夜岡見様
同々室へ行御目通り御酒御相伴致
廿四日　天氣
一鞠（山）御老公出立東京へ御帰り被成
一岡見殿同々江戸江間治良兵衛卜申人
來ル
一御蔵改
一木豊ゟ五十両元利受取
46
廿五日　強雪弐尺斗積ル
一権知事様室御泊り壱歩ツヽ雲丹
弐箱麦藁細工箱清水焼手游茶碗
急火焼御見舞ニ差上ル
一岡見殿帰濱ニ付棒鱈七本取揃七枚
把三把キウヒ昆布壱箱進上
一晩桃井方へ岡見殿壱泊金百両
預リ之内へ渡ス
一江戸屋へ開拓ゟ弐百両十二月二日切ニ而かし
付寺本へ頼遣ス調候様申來ル

廿六日　雪降
一権知事様御立蔵番ノかど迠見送ニ出ル
一藩廳ニ而池田少参事殿ゟ使参リ
出頭弐歩金引宛官札金千両
通商ニ而融通致呉候旨御頼ニ付
荒々引受申候
一津内村代仁左衛門徳兵衛参り御年貢
割合ニ付勘定ニ立合呉候段頼來ル
明廿七日早朝ゟ席館之様子
廿七日　天氣
一館ニ而津内村寄出席暮半時済
一吉田ゟ弐両利足不足分受取
廿八日　天氣〇
通商出勤
一寺本より願被参手代給金源二同様まし之相談
廿九日　雪
池田艮三殿ゟ俵さし身銘義助短刀
47

寺田純蔵殿へ鑑定頼置候備前屋所持
兼光之短刀戻ル
一土屋公天四仕法之相談頼來ル
一津内荘屋太良介参り村方帳面持参
色々申出ル同人退夜願書今朝差上
之旨申居
一開拓使附属御某今日着之旨申來・
一郷方ゟ御蔵勘定帳面下紙ニ而申来ル
一江間治良兵衛方へ丸山御隠居行之
きゆひ昆布壱箱幸便頼遣ス同人へ
若狭ぬり箸五膳遣ス
一徳兵衛仁坐右衛門呼取明日之寄合
断之事内談

晦日
一打它彦次良殿へ伺出店太八大坂行
不苦旨
一通商出勤中嶋惠三京行壱萬両
借用ニ遣ス相談明朔日立

十二月朔日
一小濱藩戸籍掛リ分池田艮三殿ゟ
正金弐千両預リ官札弐千両かす事
一義助短刀代金七両相済寺田殿
48
へ送リ池田殿便頼
一昨日晦日拂八十八両弐分壱朱弥介へ渡ス
一㐂兵衛大坂ゟ戻ル火鉢おとし持帰ル
一開拓使附属川崎殿帰足ニ付弐朱ツ、雲丹弐箱
送ル

二日　天氣
一通商ニ而弐千両借用藩廳へ渡ス
一津内壱条ニ付湊権大属殿へ山本茯原那須
同々ニ而出ル夫ゟ津内足寄場源太夫宅へ出ル
一㐂兵衛ゟ手尻金受取

三日　朝雨天氣
一㐂兵衛帰国出送
一欠餅搗
一津内勘定寄館出席

四日　雪
一小濱開拓使御用達中ゟ変格ニ付
　藩廳ゟ御申付之自合写相添当
　會所へ覘則尋之飛脚來ル
一御蔵へ出勤
49
一山岸殿少属鑑察掛り被申付候
　披露状來ル
一武久殿ゟ例年之こまめ到來
一小濱御用達へ返書楽尚社へハ無沙汰
　之返事申遣ス
一山岸殿へ祝状遣ス
一徳蔵米買付之飛脚ニ來ル
五日　雪
一津内之勘定寄出席
一通商ゟ京都へ借用ニ付尚又拝借
　願弥三良遣ス
六日
津内寄出席
七日　天氣
一弥助河野右近へ金借ニ遣ス
　蒸子菓子廿五人壱箱右近へ十五入壱箱
　中村へ同板清へ
一取扱人肝煎丸屋仁三郎來ル
一四百三十壱両壱歩米百五俵代近作へ
一五両壱分弐朱田葉粉三十包外ニ紙買
一出店ゟ春王丸昆布仕切受取
一寺施米参詣
50
八日
津内勘定
一弥介河野ゟ戻ル右近ニ而弐千五百両借
　板清ニ而千七百両かり右約束
一開拓使御用所今日切御用達役
　被免候改恭平当方両人被仰付
　手代も今日ゟ御會所雇手代ニなる
　何れも手宛追而御沙汰之事
九日美清

一開拓使久兵衛出勤
一知足丸中荷当米買入金高割合
之廻状出ス
一開拓使之規則變り重掛受
肝煎へ内談久治良へ出席
一壱両三分壱朱玉子百代
一壱朱寺宿坊御講入用
51
十日
一開拓分千五百両通商へふり込京
為替會社渡り手形受取
一千両通商ニ而かり
開拓ゟ二口形割合外ニ色々受取
十一日
一加ゞ行飛脚四人出立河野沾参り
両家ニ而金受取直ニ先へ行事
十二日
一板清方金子当方持参ニ付直ニ
山本方へ振向山本ニ而真偽改受取候
筈右板清ゟハ此方へかり此方ゟ山本
へかしニ成
一津内ゟ三百両米代之廚へ受取
一五十五両徳市村かし之分受取
一宮長へ大丸綿代拂
一三両三歩開拓手代給金半月分
御用達出金之分高拾四両京ニ而
七両弐分尚用達両人ニ而七両弐分
52
一田葉十かし付分來二月切願ニ付
聞済
一寺本芳兵衛明十三日帰京小濱へ相廻り
候ニ付岡見殿拂米代六十両三歩弐百三十三文
書状共封中ニ而頼遣ス
十三日上天氣
一開拓出勤よし兵衛出立
十四日節分
一開拓出勤取扱人日並仲買重立呼出シ
六匁外ニ弐分買手引之規則申渡ス

受之義ハ明日トノ事

53

廿一日

一開拓使税納当晦日上納之處御會所都合
ニゟ廿五日迄ニ上納可仕旨申談候得共一統
ゟ願ニ付正月御用始之節上納可致旨
御聞済ニ相成其段申談候肝煎丸仁

54

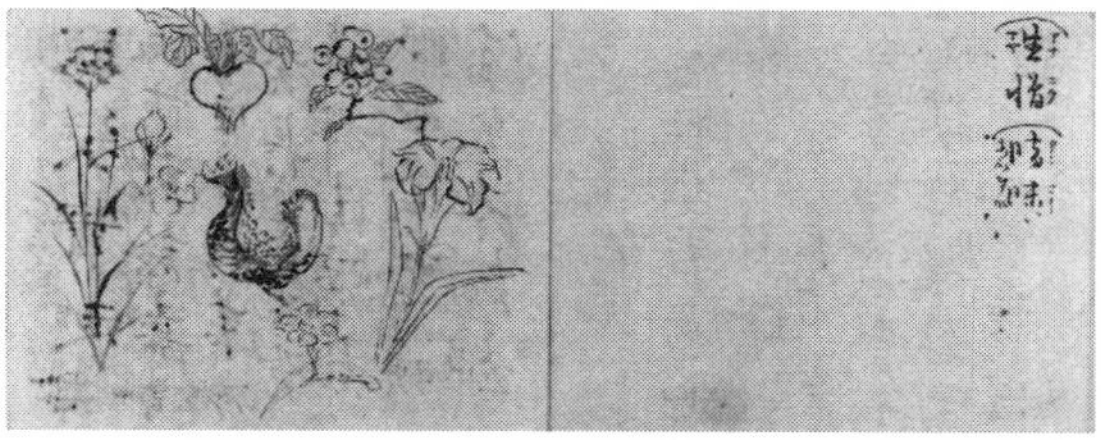

55

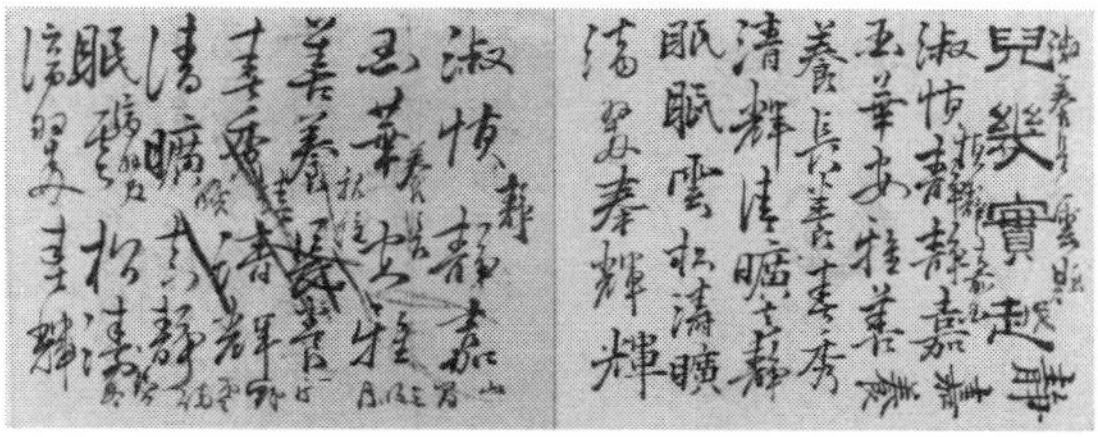

56

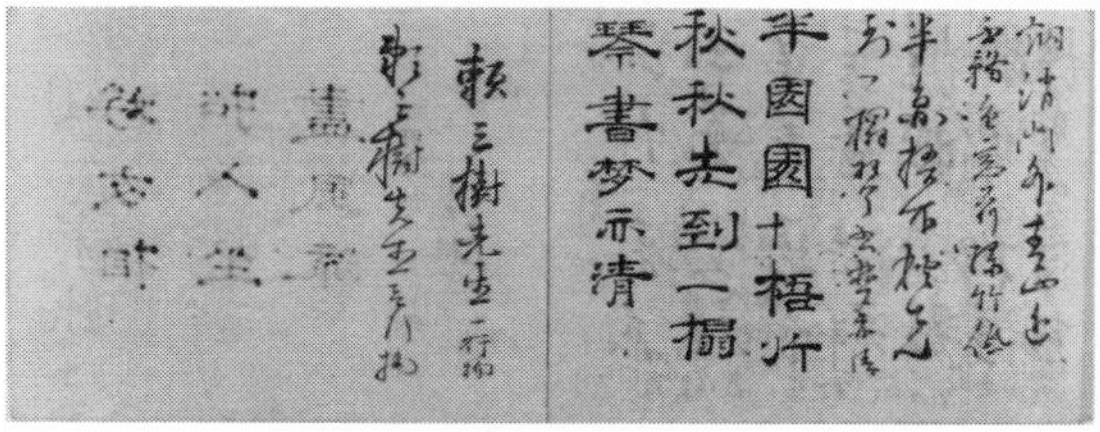

57

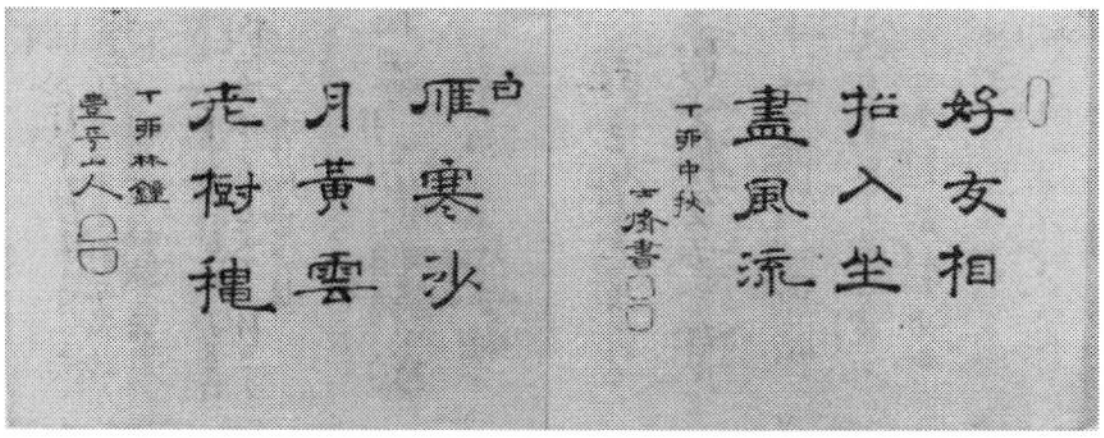

58

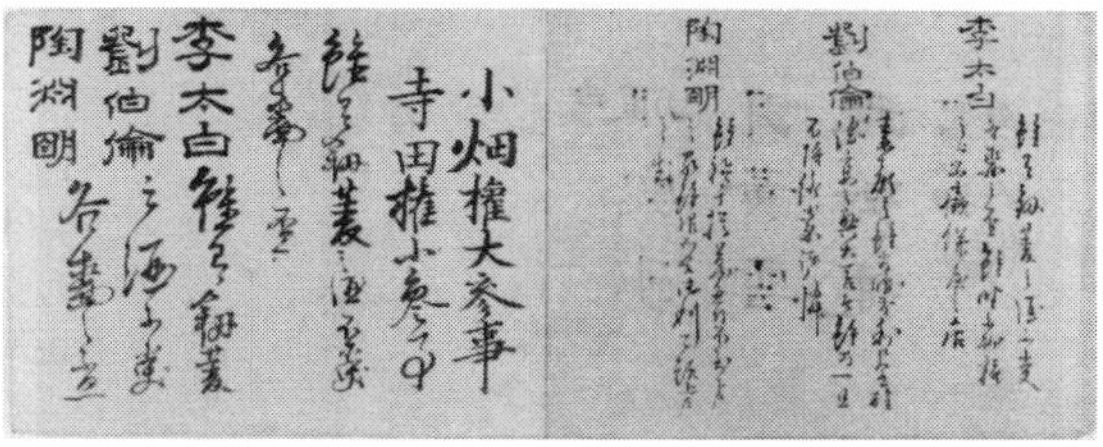

（裏表紙）
大和田荘兵衛

豊平（花押）

（表紙）
日記帳

1（白紙）

2

佛ヤル
丁三尺壱寸
9九
8八
7七
6六
5五
4四
3三
2弐
1壱

塽ヤル
丁三尺
9九
8八
7七
6六
5五
4四
3三
2二
1壱

8／9
4／2
4／3

8／
4／
9／

8／7
8／3

1
2
3
4
5
6
7
8
9

3

正月順　甚暑し
二月順　右同断
三月順　雨ふり
四月順　同断
五月順　同断
六月順　余程寒し
定而暑し
七月順　寂始寒し
跡暑し
定土用不順
中程者雨なり

八月順　下風斗
暑し
定而土用過も不順
九月順　寂始同断
中頃末ゟ寒し
此順成候ハヽ定而末暑し
十月順　寂始むし跡暑し
定秋ハ暑し跡寒し
十一月順　誠ニ暑し
冬寂始定而寒し
十二月順　誠暑し
冬寒し与察入候

4
一月一日
今朝本家ニ而呼れ
跡加々吉方呼れ
夕方前ゟ石塚様ニ而
呼れ
朝上々天気
午前四字頃ゟ
家内一統揃
五字ニ雑煮祝
夫ゟ御宮様へ
参詣仕候
七字頃ゟ雪ふり
跡天氣三字ゟ
雨ふり申候

一月二日　上々天氣
例年之通り帳面
上書本家被成下候
間風日和
夕方ゟ雪ふり今晩
ふり
今日ハ帳面書祝跡ニ御酒壱献指上申候
三井堀口嘉右衛門様江郷隠居石塚
右御越し被成一処ニ指上申候
一大坂十二月廿九日出郵便書状着
長武方ゟ長清丸幸八今日兵庫
ゟ入港之案内傳信機ニ而申來候
間此段知らセ呉候扨外方状三通
着仕候
一吉田平四郎様松前ゟ御戻ニ被成
越後柿崎ニ而徳三郎様ニ出合被成
傳言被成下候

5
一月三日　上々天気

南風
濱五様御出被成
一寸御酒指上申候
上々天気之処
五字前ゟ雪雨降
六字頃ニ地震
有是候事

一月四日　水雪ふり
今日仲間初寄相庭相立候処
鯡値段百七匁かへ百箇丈久次良宅
ニ而商内出来候扇仲買衆咋冬ゟ
懸り物五分通達申立居候間賣方者
三匁五分ゟ不参様申居候仍而右ニ付破談
致し右百箇之鯡此方餄屋三右衛門両人
して買入申候事
一今日右近権左衛門様大坂ゟ御戻被游
御越し被成下候へ共折節留主中ニ而御目
不懸候事

6

一月五日　雪少し宛ふり申候
新栄丸真造殿玉川ゟ御越被成直ニ
〆粕引合呉候様被申成候
一舩野清左衛門四拾弐才祝ニ御招
被成下呼ニ参り不軽馳走預り
御肴献立廣蓋取合物色々入
ふり吸物鯨牛房ねき味噌汁
味噌漬鯛大鉢大鰈生作り壱
焼鯛壱からすみ弐吸物鴨
三吸物小鯛身御膳者格別寵
昆布酒出し入御飯菓子椀茶わん
むし鰕ニ鳥入午後弐字ゟ八字迠
呼れ居申候
今日ゟ寒入

一月六日　上々天気
　誠ニ暑し
朝参り候庄五郎方ニ右者旦那
様挨拶ニ参り申候事
一観世屋高弥殿ニ鯡商内仕候事
寒弐日目

7
昨日甲樂城庄吉方へ寄合ニ店
三吉遣し申候事
一大坂二川ゟ四日出相庭状着致

一月七日　上々天気
南風
誠暑し

昨今日両日鯡八百箇斗
商内仕候事
一今濱四良太夫殿被参
昼飯させ申候
一権宮司様ニ川端様付添
御禮ニ御越し被成下候
正月
寒入ゟ三日目
新潟ゟ久次郎十二月卅日
認書状今晩着米者
追々高直賣商人慥成者
無是故冬買出來不申候尤
桐油壱両ニ五舛ゟ買人
無御座候間庄内表へ
参り戻り候節油引合
可申様申来候事

8
一月八日　朝ゟ水雪
ふり
六字過ニ
地震ゆり申候
跡雪ふり
晩ゟ雪ふり

寒四日目
今日昼後今濱四良太夫
能登嘉殿両人参り候間
御酒壱盃進申候事
一昼後早々常宮大乗坊
被参縄間浦證文之義
色々同人骨折呉候近々
慥成證文持参致候
様申来り候尤酉年分
利米拾五俵昨七日受取申候
一増田素平殿手代茂平
今晩御越し被成𠆢リ殿ゟ書状

持参被下候鯡精々引合
同人差圖之通賣拂候
様中来り候事

9
一月九日　天気
　南風
寒五日目
今日昼後ゟ本郷様徳兵衛様方
三人連ニ而金前寺様へ十手丸
常宮丸名前弐通持参御鬮
貰候處常宮丸ニ御鬮揚候間
色々相定戻り道石塚へ参候処
御酒呼夕方戻り掛ニ徳山様
御役出情被游恐悦祝ニ呼れ
夫ゟ高谷様へ恐悦祝ニ呼れ申候
誠満酒致し候事
一今日津輕鯵ヶ沢安吉丸
吉三良様隠岐ニ舩囲被成舩中
飛脚参り着仕候

10
一月十日　今日西風
大荒八字頃ゟ
寒六日目　少し天気ニ相成
昼迠ニ月　矢張雨ふり申候
今日昼飯頃ニ石塚様御越被成
御飯進セ申候夜分御役人様へ呼れ
今朝御祝義獻上仕候
∧の
一正徳丸徳次郎様大坂ゟ戻り
被成弥五左衛門殿へ御越し被成候
一今晩鎌屋宗十郎殿江金子弐百両
貸渡し申候利足当月一日ゟ壱六定
一松木孫左衛門殿方ニ若磯百五拾俵
「八殿仲間ニ而値段壱両弐分弐朱
三匁五分がへ買入申候事

一月十一日　誠ニ上々天気
寒七日目　今朝十二字頃ニ
余程寒し申候　舩祝店小方
五十弐度　一統港へ御酒
　獻上ニ参り候
今朝小方一統雑煎ニ而御酒出し申候

11

尤昨年之通り膳料として弐朱宛
店へ壱朱宛遣し申候事誠
珎敷上々天気御座候
一◎印市田屋方ゟ今日船祝呼
度由嘉平ヲ以申来候へ共断申置候
一今朝正徳丸淀三良殿御越し被成
指引勘定相渡し申上候
一昼後板屋清六様御越し被成
御酒壱献差上申候事
一今晩右同人様方へ参り候而
永栄丸揚置鯡三月切直段
百拾匁がへ賣拂申候約定仕候
尚又蝋燭小物斗卅箱揃急
直段取極買入致し呉候様被申候
跡ゟ否哉返答可申上候様申置候
一明朝金比羅丸紋助様大坂へ
御登被成候間此便ニ兵庫表へ
直ニ参り呉候様頼入長清丸
様聞取急々返事致し呉候様
頼遣し候事

12

晩迠三月
一月十二日　南風
八日目　上天気
寒暑四十六度　夕方ゟ雨ふり
今朝板屋様在所へ御戻ニ被成候
一紋助様朝五字ニ大坂出立被成候
一油屋孫介殿へ白子拾七本相渡ス
一松木孫左衛門様ゟ若狭米
七拾五俵受取申候事
一長福丸伊三郎殿仕込金分□（虫損）
申来候へ共迚も埒（ママ）付不申先方ハ
大坂並正金借三歩方ニ済し
呉候様申来り候へ共不承知申置候
一新栄丸真造殿明日帰国
致し候間〆粕ハ住伊丸並
賣拂呉候様申帰り申候
一庄内屋開又兵衛殿ゟ書面
一月二日認今日着仕迚も
先注文直段ニハ買入出来不申
様申来候事

一右近権三良様大坂ゟ御戻り
被成明日在所へ御帰り由被申候

13

一此間沢与殿一月切百八匁ニ
買入候鯡今日塩仁殿方へ
三月切百拾三匁替賣
渡し申候事
一山下鯡秋揚リ分今日
現百三匁ニ直入致し遣し候
庄内米三百俵現弐百廿五俵
直付置申候事

一月十三日　　夜前雨ふり
寒九日目　　南風
五十四度　　誠ニ暑し

今日新潟ゟ常宮丸久次郎
一月七日出書状着仕候
庄内酒田ゟ徳三郎殿一月十二日
認書状今日着仕米追々高直ニ
相成迚も買入難出来何れ戻り
之節金子持戻り候間道中御用心
ニ付久次郎同道ニ帰国可仕様申来候
一大比田浦田中小平太殿被参
金子弐百五拾両当月切貸渡申候
一昨日鍵重殿金弐百五拾両
四月切ニ貸渡申候

14

一田中小平太殿ゟ菓子壱箱
貰請候事
一昨日右近権三郎様御越し被成
直ニ在所へ御帰リ被成候
一今日昼前ニ杉津夘左衛門殿被参
水上田地買取呉様被頼合候

一月十四日　　上々天気
寒十日目　　誠ニ暑し
南風

今日四ツ時ニ長清丸幸吉殿
兵庫へ十一日入舩致し直ニ参着仕候
今晩御酒壱盃指出し申候事
一加賀吉方洋銀箱見分ニ参り
中之品請取戻り申候事

15
是迄四月
一月十五日　　　誠ニ上天気
寒十一日目　　　間風
五十三度
新潟ゟ一月八日出書状久次良ゟ
参り今日着仕候
一洋銀箱今日御縣廳様へ
渡し則江守様へ相渡し申候
一長福丸長七様大坂戻り
被成御越し被下鳥渡御酒
御膳進上仕候
一住伊丸栄助様御越し被成
〆粕目方掛渡し仕切を
致し呉候様御申被成下候
一玉川吉三郎殿相見へ海上
致し候而又々登り申候へ共夏前
之履大横屋勘助殿へ呉候
様頼被居候事
一大坂袴和殿手代太七殿
先日ゟ越前へ被参居候間
今弐時頃戻リ被成今晩
爰元ニ而御酒壱盃指上申候

16
一月十六日　　　夜前少し
ふり
寒十二日目　　　曇天気
五拾度　　　　　風なし
吉田新七様江朷御越し被游候
一河野中村三ノ丞様方此度
御子息様へ嫁取被成婚姻
結祝ニ御鏡餅壱重送り
被下直ニ御祝儀として大杉原
弐状金百御酒料扇子壱箱
右献上仕弥五左衛門方へ為持遣し候
一永厳寺方ニ那須隠居様
追善被致候様被下候へ共断申候
茶飯一重平こんにやく白あへ
沢山送り被下候
一沢田長次良殿ニ昨今日御家内
死去之四十九日仕揚被成御招被下候
得共断申香でん酒料として壱〆札遣候

一濱野五兵衛様方ニ此間
娘様へ養子被成候先ハ養子
彼（「披」）露一処ニ相成候間是ニゟ

17

御祝義として帛紗壱つ
御酒三舛同弐舛扇子弐箱
右遣仕候處明日直ニ御招キ
被下候事

晩迠五月

一月十七日　夜前少し斗
寒十三日目　ふり候へ共今朝
五拾度　天気南風
寒し　七字ゟ雨ふり
十一字ゟ
あられニ相成

長清丸幸吉今朝大坂へ
出立致し候
一今日濱野五兵衛様方ニ
彼露祝御招キ被下候
午後三字ゟ参り不軽御馳
走ニ預り申候献立坐付
吸物素めん鴨ねき味噌汁
大鯛濱焼物八寸取合鯛
生作大平跡鱈吸物
本膳皆朱ハき掛

18

一月十八日　上々天気
間風
寒十四日目　誠ニ寒し
四拾弐度

今日吉田与左衛門様御越被成
手酒献候積之処常家
吉三郎様一昨日江差ゟ御戻り
被成今日御越しニ相成御一処ニ御酒
昼飯進上仕候
一京枠嘉御手代御越し被成若
宗兵衛参り候迚も決而取引
不致申居候事
大坂ニ川茂助殿ゟ十六日出之
書状今晩着米相庭追々
高直ニ相成六圓五六銭ニ相成

19
一月十九日　　夜前ゟ
　　　　　　　少しツ、
　寒十五日目　雪ふり
　四拾弐度　　大西風荒
今日は不軽雪荒ニ而何方も
表障子〆居申候永厳寺様
昨日ゟ常坐御勤被成今日昼ゟ
参詣仕此度十六日那須
隠居追善被成其節御茶
飯沢山御恵贈被成下此禮
御肴料として金百疋進上仕候

一月廿日　　上々天気
　　　　　　西風
　寒十六日目　寒し
　四拾弐度　町方ゟ余程
昼迠六月　　暑し
　昨日大坂ゟ金比羅丸紋助殿
　書状被下長清丸行違ニ
　相成自分ハ弥灘酒屋
　方ニ舩玉出来其方へ舩頭ニ
　雇れ候様申来候事
一今晩搔餅搗致し候

20
一今晩江守様へ宗介
　参り此間御縣廳へ御貸
　申上候洋銀箱弥御買上ヶ
　被下候哉又ハ借し置候得共
　何迠与限り被成下候様申上候事

一月廿一日　　曇天気
　　　　　　　風なし
　寒十七日目　下り風
　四拾四度　　昼後少し雨ふり
　　　　　　　跡上々天気
　昼後ゟ家内宅中小供両人
　永厳寺へ常坐ニ参詣仕候
晩迠七月
一月廿二日　　上々天気
　寒十八日目　誠ニ暑し

四拾六度
昼後ゟ夕方掛り五十弐度
今朝味噌搗夜三字頃ゟ
家内趣ニ而八字過ニ相片付申候
一今日昼後棚卸蕎麦致し候

21
本家石塚本郷隠居
同徳平様村田弥平久兵衛
右一処ニ相招申候事外ニ
かゞ吉水江井筒政殿
右之通呼ひ申候
一板屋藤吉様大坂ニ戻り
被成候
一今晩少し雨ふり申候

一月廿三日　朝ゟ天気
寒拾日目　南風
甚暑し
四拾八度
今日も味噌搗致し候
昨日鯡三月百拾四匁九歩
二月切百拾弐匁七歩〆粕
三月切百拾五匁賣拂申候
今朝佐次郎在所被参候
常宮丸作事同人調頼遣し候

22
一月廿四日　上々天気
朝少し
寒廿日目　霜降申候
四十四度
明日又吉ヲ大坂年始状
為持遣し候直ニ兵庫へ
長清丸荷物賣拂候様
申遣候處鳥渡一両日
見合ニ相成申候
一板屋伊三郎様在所ゟ
御越し被成蝋燭五拾箱
三百木（本カ）ニ而壱〆四百卅匁替ニ致し候
代金請取置申候尤割合四六定
一四字頃ニ石塚様御越し被成
御酒壱盃指上申候事

23

一月廿五日　上々天気
誠ニ暑し
寒廿一日目　南風
朝霜少しふり
四拾八度　夕方雪少し
昼迠八月順　ふり
今日地米五拾俵壱両三分弐朱ニ
致し嘉平殿賣渡し申候事
愈明日は多平又吉両人
大坂表へ可参積ニ致し候事
一今日昼後江刕増田利兵衛様
御越し被成御酒差上申候処へ
板屋伊三郎様御越し被成一処ニ
御酒進セ申候直ニ今晩桔光方
参り伊太郎様同道ニ御酒
壱盃呑申候十字頃ニ帰宅仕候

24
一月廿六日　夜前荒
西風
寒廿弐日目　折々雪ふり
朝四拾弐度　寒し
昼後四十八度
今朝四時頃ゟ趣五字過ゟ
安平上坂出立致し此内ゟ
疋田迠人力車ニ乗り参り文吉
連申候此便ニ仕立職政吉
仕事手透ニ相成候間壱人丈
帰京為致候
一三宅国三良殿へ鯡弐百箇
三月切百拾五匁三歩賣申候
一∧り利平様鯡四月切百拾七匁
白子百四十七匁仕切致し候
一鯡弐百廿箇直ニ百拾五匁九歩
三月切庄内米百九拾俵
弐百七拾匁二月切賣拂
右孫左衛門殿へ
一地米五拾俵壱両三分弐朱
右現賣天屋季七様賣
今晩三吉玉㐂寄り参申候

25
一月廿七日　朝天気

間風
四十四度　寒し
寒弐十三日目　八字頃ゟ
雪ふり
晩迠九月　荒ニ相成
増田利平様今朝帰国
被成候事
一永厳寺様ゟ粕てら
壱箱新浅草苔拾枚
右者先達而那須追善之
節屏風貸申候禮ニ貰候
一元覚屋忰市之助殿
小濱表ニ舩囲被成候而
今日戻り被成親市造
殿借財挨拶ニ被参候

26

一三吉今日昼後ゟ辻藤方へ
玉㐂寄り参り元利合而三歩五也
当金請取跡四ヶ年置居ニ
相談相極り申候事
一今晩堀口嘉門様かゞ吉殿
連而桔光御用人ゟ若六方へ
参り御酒揚候様致し候間
高谷様へ使ヲ遣し御越し被成
一処ニ御酒呑申候夜拾壱字頃迠
居申候

一月廿八日　上々天気
寒廿四日目　間風
四十壱度
今日昼時ニ濱野吉次郎殿在所ゟ
御越し被成直ニ大坂行被成此使ニ
多平方へ書状頼遣し長清丸
荷物直賣拂候様申遣し候事

27

一月廿九日　上々天気
間風
寒廿五日目　昼後ゟ
四十弐度　少しツ、雨ふり
昼前四十八度　誠ニ暑し
一本家様舩祝被成家内
上分丈不残呼れ申候事

一玉屋㐂助殿振市致し少々
道具買入致し候事
一三井店へ参り小濱請取
金是有右金子藤崎殿
江入金致し同人方之請取書
参り次第三井殿ゟ替り金子
請取可申約定堀口様致し置候
一今晩桔光へ参り後ゟ
高谷様御越し被成一処ニ相成申候

一月三十日　夜前ゟ
寒廿六日目　雨ふり
五十三度　南風
昼迠十月順
兵庫廿六日認書状長清丸ゟ
中荷物賣拂案内用向

28
今日着仕候〆粕現廿四本
百八拾匁二月切弐百本
百九拾八匁五歩右之通商内
致し候事

一今日吉栄丸栄太郎様知工
大坂御戻り被成蝋燭相庭
尋被下半分割ニ而壱〆四百卅匁
替申遣し置候何れ追而否哉
申来候趣申帰国被致候事

一月卅一日　夜少々ふり
今朝天気ニ相成
寒廿七日目　西風
四十八度　八字頃ゟ雨
昼後五拾度　ふり
今朝金羅丸紋助殿相見へ
夜前帰宅被致大坂近清殿
より正徳丸徳次郎殿ゟ道具代
金此方へ為替ニ致し金五百両当地
立石屋吉兵衛殿へ渡し呉候様申来り
候得共此方ニ者此間濱吉殿大坂へ
被登戻り金多分是有趣被申候
間其内四百両丈近清方へ金為替
頼遣し置候間寂早此地之分

29

立石屋分暫時為替待セ置申候
大坂ゟ多平返事次第相渡し可申
積ニ致し置候事則止趣
一今日大坂多平方郵便書状
指出し申候鎌屋宗十郎殿ゟ
大坂天宗殿へ蝋代金子
百四拾五両為替被頼是又
相渡し候様申遣し候事
一昨日壁之内善五郎殿御越し被成
長久丸新助殿俄ニ無據
金子百五拾両入用ニ付貸呉候
趣御頼被成引宛者越後屋
五郎助殿家屋敷書入九月切ニ
貸渡し申候様約定ニ致し置候
一庄内屋関蔵葉状
今日着徳三郎弥昨日出立
致し候趣申来り米ハまた高直ニ
相成六俵壱弐歩之相庭御座候
一今晩太平兵庫廿九日出書状
着致し荷物不残賣拂
二月切百九十四匁九分替与申来り

30

二月一日　夜前ゟ上々
寒廿八日目　天気ニ相成
四十五度　朝西風
十一月順　昼前ゟ間風

一秋田湊船木助左衛門冬迫り参り
年玉壱ツ申請候
一大坂太平方へ郵便書状出し申候
一金ヶ辻子相庭今日ひより始申候
誠ニ商内寂中之處相済
一神宝丸勘真郎殿被参
真栄丸真造殿〆粕帆待
之分丈賣拂呉候様申参候
一尾子次郎兵衛殿大坂ゟ戻り
候節親方之音吉此方へ
書状参候而鯡身欠格別
余計ニ相成候間今一應御得与
相調呉候様申参り候事
一世間一統誠ニ今日ハ商内なし
米も鳥渡是間中ゟ下直ニ
相成申候事

一今日七ツ時前大坂長武殿
御越し被成土産手拭
菓子箱壱ツ貰申候
外ニ蛤沢山申請候

31
一(「二」)月二日　上々天氣
寒廿九日目　下り風
五拾弐度　誠ニ暑し
昼後弐字
過ゟ少し雨天
夕方ゟ雨ふり
今晩あれ

一昨晩長武殿常家様へ
御目懸り咄し合致度候間
桔光方へ御酒呑右咄し合
被成此方江岡半殿被参候而
一処桔光方へ参り申候事
一今日余り天氣宜敷則
長武殿店弥三郎殿
両人連而常宮様参詣仕候
陸ニ而参り大乗坊ニ御酒御膳
呼れ申候正月燈明年越
燈明料として金百疋
獻上仕候御酒御飯料ハ
其侭ニ致し置申候事
何れ出縣之砌差出可申積
致置候事

32
戻り道ハ舩雇此濱
迠乗舟致誠弥敷
上々天気戻り申候事
一河野板清ゟ鴨一羽
貰請申候
一常家吉三良殿ゟ竹ノ子
三本貰請申候
一長武ゟ貰請候蛤ヲ
夫々賦分仕候
本郷様石塚様長谷部
江守様へ進上仕候
一今日昼後石塚様へ呼れ
申候事
一昼後大坂ゟ文吉戻り申候

一(二)月三日
寒三十日
五十度
年越
夜前ゟ
雨ふり跡ハ
天気西風
折々荒れ
あられ降る

今日昼後早々ゟ壁ノ内
善五郎様方へ四十弐賀祝
33
本家様与同伴致し呼れ申候
晩方迠呼れ戻し候而夫ゟ
御宮様へ参詣仕候事

一(二)月四日
五十弐度
上々天気
間風
誠ニ暑し

昼飯早々長武殿帰坂
出立被致候此餞別として
鱈三本進上仕候事
一昼後石塚本郷両人
御越被成鳥渡御酒
進セ申候事
一町内例年之通御供
心祝之御方本隠様ゟ
金弐両本家久兵衛様
店出し金三両安田殿
酒五舛
34
右之通是有社家町
平松宅町内呼れ此方
断申上候而代人三吉ヲ遣候
一今日長武殿俄ニ出立被致
右進上肴跡ゟ亀吉ニ
為持塩津迠遣し戻りニ
大浦へ大良ゟ参り申候荷物
積落致直ニ元々へ戻し
申候様申遣し候事
一今日昼後村田母さま
御越被成候事
誠ニ上々天氣暑し

一(二)月五日
弥敷天氣

朝四十四度
あられふり
朝霜ふり
弐字頃誠ニ
暑し

小濱嶋長方へ過月廿九日
長七様金子三百取ニ遣し呉候
様治作殿被申候へ共雇賃も
35
相掛り正直之人物も無御座候
則右金子小濱藤崎
仁左衛門方へ入金致し其請取書
此方へ送り呉候得ば三井方ゟ
代り金請取可申筈ニ申遣し候へ共
何之便も無是候間又候今日
郵便ニ書面申遣し候事
一長栄丸徳三郎殿出雲崎
三十日出之書面今日着仕候
同所ニ而佐渡烏賊四百五拾箇
買附直段四九弐掛買入
申候様申来り候事
二月三日出多平ゟ書状
着仕候
昨日亀吉塩津へ参り候處
大良出之鳶合羽壱箇二月十二日出
塩津平助方ニ其侭有之候
間元へ戻し候様申参り候事
一昨日又吉矢嶋蔵鯡
渡しニ参井埒(狩)殿請取ニ
被参候處折節鯡なハ
拵け候而井狩殿下ニ相成
怪我被致候事
36
今日見舞菓子壱ツ進上仕候
一今日昼後那須石塚
本家油市木綿庫
此方永厳寺へ参り誠ニ
御馳走ニ預り夕方戻り申候
一昼時早々頃米七殿御見へ
〆粕九拾本商内仕候

二月六日
上々天気
誠ニ暑し

朝四十九度　南風
其後五十弐度
今日福干誠ニ弥重天氣
御座候
今晩方ゟ雨ふり
一表町米七へ行菓子
貰ひ
一井狩方へ通夜見舞
進上致し

37

二月七日　夜前ゟ雨
朝　ふり水雪
四十九度　あられふる
今日誠ニ寒し伊勢丸文助
殿御越し被成店ニ而御酒指上申候
一夕方前ゟかゞ吉方へ参御酒
呼れ申候吉村徳平殿与咄合致居候

二月八日　上上天氣
間風
五拾弐度　曇天氣
今日昼後石塚御越し被成候鳥
渡御酒出し申候
一大坂ゟ太平五日出状着仕候
一本郷様御越し被成大津
油目切下直ニ付明日買入ニ
飛脚遣し候様被仰候間

38

此方本家両人より弐百樽
買付遣し申候様願出候

二月九日　上々天氣
間風
朝四十八度　誠ニ暑し
昼後五拾弐度
庄内屋卅一日出書状御蔵米
五俵六歩買附月壱弐五歩付
右之通買判書送り参り候
一正午十二字頃ニ三井堀口様
御越し被成御酒差上夫ゟ
本家呼取一処酒宴致
昼後ゟ石塚へ誘ニ参り

同伴致永厳寺へ参り
和尚種々御馳走被致呉
呼れ夕方七時頃帰宅仕候

39

一今日金前寺方之頼母子
舩手福寿相勤り則
此方ニ者三吉ヲ遣し申候
一伊勢五方へ兼西洋目鏡
代金滞其侭ニ相成頓ト
埒付不致候間大小人伊八
殿ヲ相頼掛合候處先
当金拾五両渡目鏡ハ
其侭戻し候様申居候事
一杉津宮原卯左衛門殿被参
兼而水上加兵衛殿ゟ質
物ニ預り置申候地券證
其侭貸呉代金不致当
廿日頃迠持参仕様被申候
得共此方夫ハ不相成様断
申候處段頼ニ付右拾弐枚
預り地券之内五枚丈貸
渡し申候事
一永厳寺方へ参り候處戻り
之節ハ夕方七時頃ニ相成申候

40

二月十日　朝ゟ雨ふり
朝五拾度
大坂長武殿ゟ八日出之書状
今晩着六日同人帰宅被成候
様申来り
一徳三郎久治郎両人先達而
庄内へ冬買ニ遣し候處
今晩帰宅仕候
一今晩桔光方へ参り
木下方ニ而呼れ申候事

二月十一日　夜前風
強く吹
北西風
五十五度　今朝雨ふり

41

今日は御縣廳ニ於此度

皇　天子様御姿写真ニ取
國中万民一体へ拝為
御座候皆々参詣仕候事
一今日天始終日雨ふり
一米會所六月切始り
御馳走被致呼戻り申候
則左之通商内仕候
賣
四月切　拾名
六円弐銭
六月切正米　買廿名
五圓四十壱せん
六月切正米
五圓四拾銭　買卅名
大津六月切
五圓九十壱せん　拾名
42
〆

一久次郎庄内ゟ持戻り金之
内三百八拾五両本郷様へ
今日相渡し申候事
㈢一月十二日　上々天氣
四拾八度　間風
昼後五十弐度
今朝石塚様御越し昼後ゟ
御宮様御礼賦ニ付相談
致度様被申候へ共無人ニ付断申上候
一常宮丸舩道具塩仁方ゟ
此方へ久次良遣し受取申候事
一金比羅丸紋助殿ゟ大鴨壱羽
貰請候事
一今晩ゟ三谷河野徳三良様へ
舩賣相談ニ先方ハ三国客
人同道ニ而下り候序ニ年頭状
年玉持参仕候事
一三井方之加賀米百六十八俵
直ニ三圓七拾せん買付仕候
一徳三郎庄内へ持参金此度

米買入不相成候間今日右之
43
金子弐百五拾両三谷ヲ以
持セ遣し候事

二月十三日　上々天氣
朝下り風
四拾弐度　寒し申候
昼後四拾度　昼後西風ニ相成
雨ふり
今朝久次郎玉川在所へ帰り申候
一三吉夜分河野参り定而
今朝着仕候哉ニ奉存候事
一通商會社ゟ昨日知足丸
帰宅致し夫ニ付相談仕候
義是有寄合呉候様申参り
此方断申上置候
一大坂北与殿ゟ十一日出立今日
昼前着仕候多平書状条
少し不快ニ付十五日出立仕候様
申参り候事

一舩手問屋中間寄合是有
此方出席仕候
44
二月十四日　夜前ゟ西風
朝四十四度　強く不軽荒
昼後五十度　昼後雪荒
今日昼後ゟ原㐂方へ呼れ申候
一三時頃ニ三吉河野ゟ戻り申候
〈の正徳丸七百廿両商内出来申候
一枠嘉主人御越し被成候間
鴨壱羽進上仕候事

二月十五日　朝雪ふり
四拾弐度　大荒ニ相成申候
今日永厳寺方ニ而井狩庄次良殿
庄三郎殿施餓鬼致し候事
供養料金金三両獻上仕候
尚又参詣致し候人々を
45
此方井狩庄三郎石塚氏
仲清助郷吉右衛門桔光木ノ下

右之通参詣仕候事
御馳走御膳茶飯汁豆腐黒のり
平椎茸ひりうず麩三品
猪口こんにやく白あへ吸物山芋をとし
取肴揚こんふ掻餅おからにしめ
右之通御酒呼れ申候事

二月十六日　上々天氣
朝四十四度　間風
昼後五十弐度
今朝郷吉右衛門江劦へ商内参り候
此便ニ年始状頼遣し候事
一朝早天大坂北与殿帰坂
被成候
46
今日は米追々氣配相成
一昨日ゟ枠嘉殿御越し被下候
趣申遣し候處用向両へ
御越し無是今朝此間此方ゟ
鴨進上仕候為ニ蒸菓子
壱箱貰請申候事

一今日は高谷様ゟ御招ニ
預り申候事那須此方ゟ
石塚氏三人呼れ誠ニ御馳走ニ
預り戻し申候

二月十七日　上々天氣
朝下り風
昼後ゟ
少しも雨ふり
今朝御宮様ゟ御寺夫々
参詣致し戻し候處石塚様
御越し被成鳥渡御酒指上申候
此処大坂かゝ屋弥兵衛殿
47
相見へ道具持参被致候間
夫々買取申候事
一板屋藤吉様小濱ゟ御越し被成
鳥渡御酒進申候
一濱坂多田吉栄丸栄太郎
国元ゟ御越し被成蝋燭買
被致大坂表へ登し約定仕候

一三井堀口様越し被成一処ニ
咄し致右道具屋ニ鉄びん
壱ツ四両ニ而買取被成候
此方ゟ代金取かへ遣し申候
一堀口様へ金百両一寸貸
渡し申候正金預り書先方ゟ
為持御遣し被成下候
右ハ翌日直ニ戻り申候

48

二月十八日　朝雨ふり
朝五十壱度　八字頃ゟ
午後五十六度　天氣相成
今朝三字頃吉栄丸永太良殿
出立被成候
一誠ニ上々天気相成板屋藤吉
陸御帰り被成候
一西店惣助殿夜分ニ持病
積気引籠今日休日断申参り候
一京三木半殿年頭ニ相見へ申候
一本郷隠居木綿庫七様
那須様御越し被成道具
見せ申候事

二月十九日　上々天氣
朝五拾度　間風
昼後五十四度
長宝丸勝次郎様大坂へ
出立被成候

49

今日昼後三井様へ参り候
履米不残四圓八拾せんニ
賣付被成則米七舩清
両家へ賣渡し被成候間此方へ
先約定之通り半分丈被下候様
申入候得共是又少し延引相成候
間御断申被成候事
御酒呼れ戻申候事

二月二拾日　上々天氣
四拾九度　間風
昼後六拾度　朝霜ふり
今朝ハ石塚氏同道致

山上宗助様方へ押懸参り
御酒呼れ申候事夫ゟ
堀口氏同道ニ而此方ニは
今日月忌始致し候間
50
情進上御酒相始申候
一永厳寺方丈布施金百疋
　伴僧弐朱跡壱朱も四人
　右之通致出し飯進セ申候
一長寿丸佐次郎殿
一常宮丸久次郎殿
　右在所登り申候事

二月廿一日　朝天氣
　朝五十弐度　昼後
　昼後六拾度　雨ふり申候
今日十字頃多平大坂帰国
仕候事
一昼後ゟ堀口様山上同道
　致し石塚宅へ呼れ申候
51
夫ゟ三人梟町庄平方へ
参り蔭子五人呼御酒呑
十字頃帰宅仕候

二月廿二日　朝ゟ雨
　朝六拾度　ふり
　昼後五十六度　晴雨29四十度
　晩五十四度
此間中ゟ米大坂他国共
日々直上り爰元連而高直ニ
相成肥し鯡も百廿五匁
位迠商内之處今日は
百卅五匁商内致し候事
一今日かゞ屋吉右衛門長濱へ
　定而此頃戻り候哉ニ存候間
　鯡百卅五匁へ白子
52
白子(ママ)百六拾匁右之
見当ニ而鯡五六百箇
商内致し候様申遣し候
併大体ニ致し直ニ帰国

可仕様申遣し候事長濱
塩又沾書状指出し置申候

二月廿三日　朝曇天
五十四度　間風
昼後上々
天氣
昼後寒し　併し暁雨斗
五十弐度　雨之方へ寄

今日昼飯時前ニ石塚氏
御越し被成昼飯遣セ申候
尚又昼後三井店へ参り
御酒呼れ跡又介殿へ
参り郷吉右衛門方へ寄御酒
呑候ゟ夜十一字ニ帰宅仕候
53
一今晩雨ふり誠ニ晴雨
誂も程能逢申候事

二月廿四日　夜前雨ふり
朝薄雪
四十六度　ふり西風
寒し

今日は原六米七殿両人
御越し被成此度冨平買付
戻り候近清鯡白子則
餡権方ニ揚置ニ相成申候
尚又鯡七百廿箇白子
百七拾本元目なら買入
元直段ゟ金壱百八拾圓
利付則三月切ニ賣拂申候事
54
一弥八郎金今四字過ニ
加〻屋吉右衛門江刕ニ商内致
居候間当地跡追々高直ニ
相成候事故最早跡賣ハ
見合一先戻り申候様呼ニ
遣し申候但し壱両弐分壱貫文道中入用遣し候
一石塚様気比宮氏子札
貰請此度上坂之節ハ
右持参可仕積ニ致し候事

二月廿五日
今朝主人よし江知工三人大坂へ
出立被成候
秋田船木助右衛門殿へ米注文
白米千石直ハ船乗三両
地廻り米五石直ハ同弐両九拾戔ゟ三両迠
尤直段之義少々高下有之候節者
取斗可被下候様申遣し置候
一糀屋ゟ玉㐂貸金済口金高
　帳面印被下度願参り則村田
　書印遣し被成候間此方ニも遣し申候

55
今日区會所ゟ御輪景有之
候ニ付左ニ写ス
　名前下ニ調印之上留ヨリ区會所ニ
　御(戻カ)し可被成候也
　　　　当港
　　　　　本郷彌七
　　　　　大和田庄七
　　　　　打宅弁二良
　　　　　船野清左衛門
　　　　　庄司孝二良
　　　　　中村完七
　　　　　野路五良右衛門
　　　　　山本傳兵衛
　　　　　〆八人
右之者へ御用有之候条明後
廿七日午前第九時縣廳へ
出頭有之候雑税掛へ可出面(書脱カ)候也
二月廿五日
　　　区長代理　吉田宗三印
一伊東吉右衛門殿四時帰宅致し
米賣致し不申候持荷霜月ヨリ
残り分者七拾本賣付参り

56
一弥三良行遠長濱ゟ前者
吉右衛門殿長濱ゟ出立致し候越
前同人其ゟ戻り七時ニ戻り申候
二月廿六日
住㐂丸長三良殿参り
久福丸重治良殿参り

新宅殿参り
一糀屋伊三良仁三良両人参り
右一条願出申候村田同様ニ（ママ）
之事願申候得共当かん弁
致し置候与申遣し置候
一昨日真栄丸新五良殿九十本
カス直遠申立候間段々掛合
百拾四俵五歩与百廿壱俵五歩
七俵直遠折合ニ致し候百拾四匁ニ而
当月限ニ約定相成り申候

二月廿七日　上々天氣

57

二月廿六日　右上々天氣
二月廿七日　右同断
二月廿八日　西北風
雪少しふり
三月一日　雨ふり
三月二日　西風北ゟ
雨雪ふり
三月三日　誠ニ寒し
三月四日　上々天気
三月五日
三月六日
三月七日
三月八日
三月九日
三月十日
今日大坂表へ塩屋仁兵衛様登候

58

三月十一日　上々天気
誠ニ寒し
大西風雪ふり
今朝ゟ長清丸へ乗り候へ共
誠ニ風強く候間出帆出来
不申候間昼飯後ゟ住吉へ
参詣仕候又々舩へ夕方ニ戻り申候
三月十二日　上々天氣
誠ニ寒し
昼後ゟ雪ふり

今朝大坂川口出帆致し昼
飯過ニ兵庫港へ入船仕候

三月十三日
今日は漸々兵庫和田鼻ゟ
出帆致播刕沖へ参り候處
晩方ニ相成夜通し順風ニ
相成備前沖へ馳居申し候事

北風誠
寒し天氣

三月十四日

夜前備前沖
馳居候へ共
風なし

59

三月十五日

下り風
上々天氣

今日は午後四字頃ゟ讃刕
多渡津湊へ入船仕候
夫ゟ直ニ揚り人力車ニ乗り
金比羅様へ夜十字頃ニ
着虎屋方ニ泊り申候事

三月十六日

夜前ゟ
大雨ふり

朝早々金比羅様へ参詣
致し御札請直ニ支度
仕昼前ゟ又々人力車ニ乗り
帰宅仕候事八ツ時過ニ
多渡津へ戻り申候

三月十七日

大西風
大時化誠ニ
寒し

三月十八日

右同断
昨日ゟ少しなぎ

今朝ゟ彌谷寺へ参詣仕
屏ヶ《(下上)》風ゟ廻り戻り候處
鳥渡晩方迠相掛り申候事

60

三月十九日

誠ニ上々天氣
下り風

今朝蒸氣船へルリン丸
下ノ関ゟ登り多度津へ掛り
居候間此船ニ乗り戻り候処
朝八字頃乗直ニ出帆大坂
表へ夜九字頃前ニ入船仕
誠ニ早候事ニ御座候

三月廿日　同上々天氣
昼後雨ふり

三月廿一日　上々天氣
今日は塩屋仁兵衛連中与
天王寺へ参詣仕大師巡りニ而
誠ニ賑敷御坐候事

三月廿二日　雨ふり
今朝土屋様連中大坂ゟ
出立被成上京被致候事

三月廿三日　同雨少しふり

61

三月廿四日

三月廿五日
今朝石塚覚造両人当地
出立致し候

三月廿六日

三月廿七日
今朝石塚格造弘市三人
船揚致し久代屋方へ参り申し候

三月廿八日　雨ふり

三月廿九日　右同断

三月卅日　天氣
弘市様今晩乗舟被致候　誠ニ寒し

62

三月卅一日　上々天氣

今朝京都へ着致し候事

四月一日

四月二日

今日昼後ゟ京都出立七ツ時ニ
大津着松幸殿ゟ大浦
早舩へ今晩直ニ出帆仕候事
漸々明朝迠ニ明神へ着致
余り北風強く夫ハ歩行致
貝津秋田屋方ニ泊り申候

四月四日　上々天氣　誠暑し

今日八ツ時過ニ帰宅一統
誠ニ無事悦入申候

四月五日　上々天氣　誠ニ暑し

今晩長寿丸出帆仕候

63

四月六日　西北風　誠ニ寒し　昼後大荒

今日昼前時ゟ長清丸
入舩仕候
昼後久福丸伊三良様入舩
右近次郎兵衛様入舟被成候

四月七日　西北風　折々雨ふり　あられふり

四月八日　上々天氣　誠ニ暑し

長清丸大体揚荷役
致し濱蔵ニは勝次良様
昨年積下り預り居大廻り
荷物永宝丸亀次良様舟へ
積入致し居候
一昨日ゟ大坂米氣配目切
強く相成爰元同様少々

高直ニ相成候事

64

四月九日　上々天氣　下り風　夕方少し斗　雨ふり

夜前ゟ今朝迠ニ出戻り舩も
不残下り申候処
長清丸も届ヶ荷物不残揚
相渡し申候
一昼後石塚様へ参り御酒
　呼れ申候夫ゟ桔光へ行一寸
　酒呑夜方九字過ニ帰宅仕候

四月十日　夜前ふり　朝天氣　下り風　誠ニ暑し　夜九字頃ゟ雨ふり

今朝八字過ニ例年三度
気比様御供獻し候處当年
者此方他行致し延引ニ相成
今日長清丸御印持参仕候而
正月分之御供獻し申候則
舩頭幸吉同伴仕り舩中へハ
御供もすそ壱ツ貰遣し候事
一昼後ゟ永厳寺方へ参り則
　仕法講拾八會目相勤候

65

尤掛金なし此方預り金之
利昨七月ゟ当三月晦日迠
九ヶ月分四両三歩ト弐百廿文
相渡し闔者本家へ当り
昨年迠御膳是有候処当年
より飯なしニ致今飯餅
壱人前ニ拾壱宛進上申候事
修理方者うとんニ而御酒呼申候

四月十一日　夜前ゟ　雨ふり　下り風

今日頃ゟ櫻花盛ニ相成申候

一夜前十字頃ニ長栄丸徳三良ゟ
新潟五日出之書状着仕候
則米ハ六俵大豆五俵小豆
四俵半種粕拾壱〆五百匁
烏賊買入なし無據佐渡
此木湊へ下り候間舩ヲ追々
下り呉候様申来り候事
66
今朝音吉ヲ以阿曾浦へ
遣し石燈籠愈明日は
以橋舟ヲ請取ニ遣し候様
聢与申遣し候得何時成共
相渡し候様申居候
一昼飯後早々右近様
大坂ゟ御戻り被游御越し
被成下直ニ御帰り被成候事
一今日始終日雨ふり申候
誠ニ暑し

四月十二日　　夜前ゟ
雨ふり

風間ニ相成
寒し併
誠ニ穏成事
今朝ハ少し宛雨降候へ共長清丸
船中一統之橋舟ニ乗音吉ヲ
連阿曾石屋半兵衛殿方燈籠
請取申遣し申候直ニ常宮濱へ揚ヶ
弐字過ニ戻り申候事
一右近次郎兵衛様御越し被成候
67
一板屋伊三郎様小濱表へ
御越し被成候
一十字頃ゟ両三日候へとも誠ニ曇天
一昨日大坂久代屋方へ舩願ふ
壱〆文注文頼遣し申候事
一橋舟二字過ニ戻り直ニ積
荷役為致候事
一今晩按摩呼ひ申候

四月十三日　　夜前ゟ
少しも

雨ふり
寒暑八五十八度
　　６８（ママ）
朝天気　廿九
　　２９
　　廿四
　　２４
昨日佐渡太方文吉ニ嫁取致
則能登嘉娘遣し候様承候
間今日祝儀両家方へ遣し申候
奥しま弐反酒肴扇子嫁へ
非（緋カ）唐ちりめん三尺嘉平方へも
扇子酒丈遣し申候事

68

一今日蒸気船社中へ
　三月分則百弐拾両丈
　出金致し會社相渡し申候
一大坂二川より状着仕尤
　四月十一日認出

四月十四日　　上々天氣
　　間風
　　寒し
今日気比宮四日講桜花盛ニ
相成候間拝殿ニ而一統御酒指上様
申来候間昼後参り申候事
一蒸気船社中一統永厳寺へ
　集會之上右戸長弐人入札致候
　様申来候事
一中村外之助様今朝御越し被成
　直ニ帰宿被游候
一金袋丸吉兵衛様京都ゟ
　昨日御戻り被成今朝御越し被成候
一昨日大神丸豊吉様鳶拾五枚
　代金弐両ニ而賣渡し約定仕候事

69

四月十五日　　上々天氣
　　甚寒し
　　朝下り風
今朝右近次郎兵衛様出帆被成候
一金袋丸吉兵衛様御越し被成候而
　米先達而買持居候今摺米

百八拾俵直ニ舩乗り候而代
三百拾匁がへ賣渡し申候
一長宝丸脇次郎様咄し合御越し被成
御一処御酒壱獻進上仕候
一昼後疝氣甚不宜候間其
侭打臥申候事

四月十六日　朝天氣
廿九　誠ニ寒し
晴雨　２９　八字頃ニあられ
三十　ふり昼後天氣
３０　間風
旧三月朔日　昼後下り風
寒暖五十八度　６８（ママ）　追々強く相成
昼後ゟ板屋伊三良様勝次良様
御越し被成御酒進上仕候処へ
〈松傳㐂丸長吉様入船
70
四月十七日　上々天氣
旧三月二日　夜前十二字頃
土用ニ入　ゟ下り風ニ相成
晴雨　廿九　昼後ゟ追々
２２　風強く相成
３０
寒暖六拾度
晩方六拾弐度
今朝長清丸長栄丸両艘
橋舟ニ而常宮へ参詣仕候
客人本家本郷同徳平
石塚川端外ニ安さま
濱五皿積屋ばゝ溝江
井政新宅久福九伊三良様
㋑幸助様壁之内勝次良様
右之通参詣致し候則
大乗坊方ニ而鱒作り身
壱鉢一統御膳呼れ候而
71
肴ハ鱒作り身残候処汁ニ
致し一統御膳呼れ申候事
都合能五字前ニ戻り申候事
一金比羅丸紋助殿入舟被成候

一板屋六左衛門様御越し被成候間
常宮ゟ帰宅致直ニ御酒
指上申候事
一夜前夜一字頃ニ鵜飼ヶ辻子
糀屋㐂三良宅ゟ手佗致
近所一統大騒き致し候

四月十八日　朝曇天氣
旧三月三日　少し雨ふり
節句　誠寒し
あられふる
晴雨朝廿九　西北風
29
三十
30
廿九
昼後　29
五十
60（ママ）
寒暖朝五十弐度
62（ママ）
晩方　五十三
63（ママ）
明日ゟ内入上天気ニ相成申候
土用弐日目
72
一今日は格別寒し大体
寒中同様之順氣大ニ
不順右之様子ニ而春作
物不宜候様心得居申候
一今日昼後ゟ明治講
拾七會目明日金伊方
ニ而相勤申候前寄致し候
跡御馳走かしわ壱羽
三はん酒壱昼（盃カ）呼れ申候
一金比ら丸紋助殿ゟ頼入候
小物道具類今日揚呉候
一内召遣居裏門安今晩ゟ
帰宅致し
一内下女ニ團子娘昨日ゟ
奉公ニ召遣置候名ハ夏与
唱置申候事

73
四月十九日　朝上々天氣
旧三月四日　間風
土用三日目　昼後ゟ西北風
誠ニ寒し
廿九　五字過ゟ雨降
晴雨　29
五十
51（ママ）
寒暖　朝52
五拾弐度
昼六拾弐度
62
昼後ゟ金伊宅ニ而明治講
拾弐會目勤り取早此度切ニ而
破會ニ致し是迠掛込金高
弐百六両掛込候處先見当
七掛位之割戻し跡積分ニ
相成申候事
今朝三井堀口様御越し被成
鳥渡御酒さし上申候処へ
中村宗七殿相見へ一処ニ御酒
進上仕候
一板屋清六様伊三郎様両人
雑こ壱貫匁進上仕候

74
四月廿日　上々天氣
土用四日目　朝嵐下り
廿九　十二字過ゟ
晴雨　29　間風
六十弐　上々天氣
62　晩方上々下り風
右昼後同様　晴雨　廿九
朝52　29
寒暖　五十弐度　五十六
昼後62　56
六十弐度
62
晩方　同様
今朝六字過ニ長清丸長栄丸
両艘出帆其後板屋清六様
御越し被成御酒さし上申候事

一桔光おらんさまこん両人
大坂へ出立致し候間餞別ニ
金三両遣し申候よし江方へ
先日大坂ニ而かり置候金子
拾両相渡し申候事
一今夕方板屋久福丸出帆
乗舟板屋御主人濱吉外ニ
〆手代弐人欤壱人乗下り申候
一今昼後ゟ堀口様来青関
口御越し被成御誘被下御同伴
不軽御馳走被成呼れ申候
75
客人者打它平石塚此方
濱五堀口様都合参り候而
桔光方へ吸かさかりよし江
呼ニ遣し御酒酌為致候事
一今晩十字頃ニ帰宅仕誠ニ
上々宜敷下り風小廻りも不残
出帆致し候事

四月廿一日　上々天氣

土用五日目　南風
廿九　昼前ゟ大ニ
晴雨　２９　曇天氣
五十　雨なし
５０
五十八
寒暖朝５８
昼　六十三
６３
今朝十字頃ゟ濱五様方へ
御招被下呼れニ参り申候則客人
堀口石塚市田屋此方村田
昼後弐字ニ帰宅仕候
店今日市田屋手舩酒田行
荷物積入致し候事
76
一昼後四十物屋母さま御越し
被成候

四月廿二日　上々天氣
土用六日目　南風

晴雨　廿九　　十字頃ゟ少しツヽ
29　　雨ふり
四十　　今晩下り風
40　　余程吹
昼後　三十一　　雨なし
31
今晩十二字頃　二十一
21
寒暖　朝　五十八
58
昼後　65
今晩十二字頃　七十
70
昨日昼前ニ大坂小寺殿被参
石塚注文之小物櫃弐ツ
持参被致候
一今日ハ長宝丸雨ふり候へ共常宮へ
参詣被成此方へ御誘被下候へ共
太平も断申上候
一先達而与り大坂日高屋木市
伊勢藤三参り長宝丸昨年積
下り参り候大廻り荷物此度
積下候ニ付滞留致し被居候処
大体栄宝丸へ積入残り之分
◎手船へ今日積切直ニ右之
77
三人塩津迠出立被致候
此方へ菓子箱壱ツ店多平与
三吉両人へ金弐百疋宛禮与
して置参り被成此方ゟ土産ニ
海鼠子弐朱宛之曲物三ツ
進上仕候事

四月廿三日　　夜前大下り風
土用七日目　　暑し
晴雨　廿九　　午前十字頃ゟ
29　　不軽大雨ふり
十
10
昼後二字六
6
寒暖　六七

６７
昼後　六六
６６
夜前大坂二川ゟ書状着廿日出之
相庭四月切六円拾弐銭七月切
六円四十銭なり依而四月切
五拾石買付之分賣埋致し呉様
申遣し七月切六円卅銭迠成バ
廿枚丈買付尤当月中持居
候様申遣し候事

78

一長寿丸佐次郎四月十二日出
　越後青しま湊ゟ書状着
一吉栄丸栄太郎様隠岐
　国目貫港ゟ四月十八日出書状
　今日瀬越舟ゟ書状着則
　主人方へ参り候分も着仕候事
一◎市田屋方ゟ家移祝ニ
　今日招キ候様昨日廻章参り候
　此方服中不宜ニ付断申代りニ
一太（ママ）平斗呼れニ遣し申候事
一舟清様御越し被成御酒壱盃
　進上仕候跡ハ又舟清様妾宅
　江参り御酒呼れ申候
四月廿四日　上々天氣
土用八日目　間風
晴雨　廿九　寒し
２９
二十
２０
昼後　廿六
２６
寒暖　３２
６２

79

今日昼後ゟ伊東吉右衛門殿
江劦出立致し候
一追々西下り風入舟是有候
一長武方ゟキ印酒返事致し候
　様郵便ニ而申参り候事

四月廿五日　上々天氣
土用九日目　間風
晴雨　廿九　誠ニ寒し
２９
三十
３０
寒暖　五十六
５６

四月廿六日　上々天氣
土用十日目　間風
晴雨　２６　寒し
今晩少し
寒暖　５４　雨ふり

80
今日昼時前一仐八幡丸新造
臺颪し相済金伊宅
ニ而振舞太平参り申候事
一常宮丸秋田港へ四月九日入舟仕
直ニ十日出之書状今日着仕候処
米も追々高直白米四両
右申來り候
一昨今両日三井店青木様
御頼申上候而徳川金調致し候
大体不残宜敷候へ共少し斗贋金
はね出し申候尤両日共鳥渡
鯡致し御酒指上申候事

一四月廿七日　上々天氣
土用十一日目　間風
晴雨　３５　寒し
寒暖　５８

81
四月廿八日　上々天氣
土用十二日目　間風
２９
晴雨　５２
昼後夕方五十
５０
寒暖　五十六
５６
夕方　六十弐

62

今日昼後石塚仕法平口宅へ
参り候五會目鬮当り名達
仁兵衛殿へ当り申候
一昼後岩田佐兵衛様御招御酒
壱盃進上仕候
一両三日前ゟ米相庭追々気配ニ
相成加賀新米三百廿匁かへ
賣拂申候

四月廿九日　上々天氣
土用十三日目　南風
四十九　強し
晴雨　49　昼前ゟ不軽
38　暑し
三十二
夕方　32
寒暖　六十
60
七十壱
71

夕方　72
82

今朝十一字頃ニ高橋泰平様
御越し被成御酒壱盃進セ申候
何れ近々雨降りニ相成申候
一縄間五良兵衛方ゟ四十目鉢大五ツ
貰請候此肴金比羅丸
紋助殿明朝出帆被成候間遣し申候
一昼後余り天氣宜敷候間
松原へ井筒政水江両連而
遊ニ参り申候
一大坂二川殿ゟ廿七日認状着
先達而四月切五拾石六圓五拾せん
買付致し置候處此度賣埋
申遣し候処六圓弐拾弐せん三枚
六圓廿九せん弐枚賣埋ニ相成
判書参り申候事

四月卅日　曇天氣
土用十四日目　南風
朝36　暑し

晴雨　３８
83
朝
寒暖　６２
６０
今日晦日ニ候へ共誠ニ金詰り
実ニ大逼迫ニ掛方不寄ニ候事
五月朔日　午　　上々天氣
土用十五日　　不軽暑し
下り風
今朝金比羅丸出帆致し候
晴雨朝　３２
昼　３２
寒暖朝　七十
７０
七十八
７８
今朝御宮様へ参詣仕当月ゟ
例月拝小祭相勤り申候事
一今日は格別暑し

一今晩桔光方へ参り候而御器九殿ヲ
頼坪ヲ穴村へ連参り候事ヲ
考へ為致候へ共矢張見合ニ致し
様申し居候事
84
五月二日　未　　上々天氣
土用十六日目　　南風
四十弐　　不軽大風
晴雨　４２　　今晩も同様
七十
寒暖　７０
７４
昼後會所ニ而明治講尻
勘定致し候寄合申来候事
糸千年屋方ニ而夕方馳走
是有候事
五月三日　　上々天氣ニ候へ共
土用十六日目　　夜前ゟ大風
十弐　　吹募り
晴雨　１２　　午後一字頃ゟ

十　　　雨ふりニ相成
０
寒暖　７２
庚申
夜前ゟ不軽大下り風吹募
今朝も同様八字頃ゟ
本郷様へ参り御酒呼
尤情（ママ）進そふめん
一昼後ゟ米會所へ参り
九月切新甫始御酒呼れ申候

85
五月四日酉　　夜前ハ大ふり
土用十七日目　晴天氣ニ相成
晴雨　廿八　朝上々日和
２８　西北風
夜ニ入　折ニ雨ふり
六十　昼後天氣ニ
６０　相定り申候
寒暖　６２　誠ニ寒し
六十
６０

今日昼後ゟ石塚様宅へ仕法講
算用寄ニ参り御酒呼れ申候事
一輪じまや国宝丸入船致し候事

五月五日　戌　上々天氣
土用十八日目　朝不輕寒
晴雨　廿八　少し下り風
２８
六十四
６４
寒暖　６３
今日昼後ゟ三井店へ参り
夕方ニ桔光方ニ而右近旦那様
御招ニ御酒壱獻差上申候事
肴玉子鮒跡鰕進上仕候

86
庄五郎殿被参一処ニ逢ひ申候

五月六日　亥　上々天氣
土用あれ　南風
晴雨　５２

寒暖　６８
今日昼後一字ゟ御宮拝殿ニ而
祝教是有聞問致し夫ゟ又
山上庚申堂青来閣開ニ付
招被下呼れ御酒肴御馳走ニ
預り申候事

五月七日　子　　朝上天氣
　３０　南風
晴雨夕方　八字頃ゟ少しも
　２０　飛々ニ雨模様
寒暖　６８
夕　７２
今日昼後三井中川殿御越し
被成石塚様与一処ニ御酒
指上申候白壱歩九百五拾両
徳弐分判弐千両引替ニ相渡し
申置候事

87

五月八日　丑　　夜前ゟ
　６０　雨ふり
晴雨昼後　昼後ゟ
　１８　不軽寒し
　２６　西たばかち
　６７　五字頃天氣
寒暖昼後　寒し
　６０
　６０
昨日山上庚申堂へ呼れ候礼ニ乱ぶ
壱ツ進上仕候處今日先達而者
大坂ゟ酒桶世話致し候礼として
鱒壱本鮑弐ツ到来致し候
色々辞退仕候へ共押而進上仕候様
被申候間又々申請置候則右之
鱒壱本枠嘉手代衆両人
被参り居候間右之方へ進上仕候
一天四頼母子庚申堂ニ而相勤り
申候事
一七ツ時過ゟ例之晩酌致し候所へ
輪しま殿相見へ一処一盃呑候

五月九日　寅　　上々天氣

　　４２　　間風
晴雨昼後４８　　寒し
　　６０
寒暖　６２

88
今日は御宮様講中一統江
祝教相談有之候間午後
三字ゟ平口太平宅ニ而御酒
被下呼れ申候誠ニ御馳走ニ
預り申候

五月十日　卯　　上上天氣
　　５６　　間風
晴雨　６０　　朝寒し
　　７５
寒暖　６６
夜前勘（定カ）へ為致候屨油は
また少し下直ニ相成何れ八月
末頃ニ至候へバ元直段位ゟ上ニ
相成追々出情（精）致し候様考へ申候
米は今少し上直是有候へ共
六月十日頃ゟ下落之様子ニ
相見へ申候鯡取早是ゟ
上は無是候様相見へ申候
一三井方へ賣付申候白壱歩金
百廿六両弐歩かへ弐歩判ト
百六両弐歩かへ約定仕候

89
尤当月ゟ月八朱宛利息
相定メ申候
一今日村田ばゝさま京ゟ
御出仕り被成候様承り家内
小供迎ニ参り申し候事
一二川ゟ大坂五月七日出書状
着米相庭七月六圓七十弐せん
　　油拾三圓八拾五せん
　　鯡弐圓廿三せん
　右申來り候事
一永厳寺ゟうどんニ而招キ候様
申來候へ共今日ハ不参候事

五月十一日　辰　　曇天氣

53　夜前ゟ
晴雨　晩方　南風強く
46　今朝雨誠少しふり
寒暖　67　十字頃ゟ雨ふり
今日は桶㐂頼母子勤り
庚申堂行致し候処外客ニ而支候間
桔光ニ階ニ而皆々酒菓子済申候
90
枠嘉御主人昨日御越し被游
今朝練（ママ）養寒壱箱貰申候
一今日天野御越し被游過ル
九日東京ゟ御戻り被游何れ近日
十二三日頃ニ武生へ御出勤被游候
一髙谷先達而ゟ長々越前へ
御出役ニ被成此間御戻り被游候而
今日休日ニ候間御越し被成候事
一昨日大津木三殿ゟ油相庭書状
本郷様へ参り直ニ弥御請取ニ
相成候得ば明キ樽早々送り呉候
様申来り本家へも右相談
仕候處御自分之丈ハ取早
賣仕舞呉候様被申候間何れ
大津へ請取之節ハ賣拂可申様
本郷隠（居脱）様被申居候事

五月十二日　巳

曇天気
跡上々日和
矢張南風強く
昼後上天氣成共
晴雨　35
昼頃　26
寒暖　72
26
今日上天氣成共何れ今晩之内ニ
急度雨降リニ相成申与存居申候
91
今日塩仁頼母子七會目
矢嶋四郎兵衛殿取番小西宅ニ而
一濱野五兵衛様佛事御勤被成
御膳貰請昼後永賞寺へ
寺参御招キ被下候得共断申上候

一今日相撲大入出来候得共雨天
ニ相成明日は始(終)日休

五月十三日　午　夜南風強し
晴雨　十四　十字頃ゟ雨ふり
０４
１２
十
００
寒暖　七十
７０

一昼後三字ゟ濱三宅へ宮司様
権宮司様ゟ御招被下罷出
御馳走ニ預り戻り申候事
一板屋清助様御入船被成今日
御越し被下御酒差上申候事

五月十四日　未　曇天氣
昨日ゟ間風ニ相成
又々下り風ニ相成
折々雨ふり
大西風
昼後天気
晴雨　８０　十四
昼後１４
廿
夕方２０
寒暖　６６
92
昨日ゟつちニ入　灸治始メ申候
今日ゟ相撲始日三井手代衆
両人本郷様徳川弐歩金
千両百六両弐歩ニ請合被成
撰被成此方ニ預り置申候事
一伊東吉右衛門殿被参夕方酒呑
明日出立之趣申来り候事
一下り入船多分是有候事

五月十五日　申　上々天気間風
誠ニ寒し
昼頃ゟ南風

強く相成夕方ニ
雨ふり申候

廿
晴雨　２０
夕方０６
寒暖　６１

今日は明治講造用金残り有之
相撲行被致此方も角力へ参り申候
一米會所ゟも一統角力行致
此方へ札弐枚貰太平格両人
参り候へ共昼後板屋清助様
御越し相成近々向浦ゟ出帆被成候
間角力与り直ニ戻り申候事

93

五月十六日　酉　夕夜前ゟ
雨ふり
晴雨　０６　西風少しも吹
寒暖　６８　雨少しもふり

今日一个主人吉田様両人与外ニ
枠嘉外ニ店衆一統岡半石塚
様御越し被下幸若席ニ御酒
差上申候事肴は平口方ニ而重組
沢山ニ外ニぼら弐本味噌吸物
致し夕方迠酒呑戻り申候事
一今晩十字前ニ呉栄丸入舩仕候
本家方ニ而寝酒呼れ申候事

五月十七日　戌　上々天氣
晴雨　３４　下り風
寒暖　６４

今日徳三良殿上京致し候
一昼前ゟ石塚様相見へ夫ゟ
夕方迠桔光方へ参り泊り申候

94

五月十八日　亥　上々天氣
晴雨　３８　間風
寒暖　６７

今日は店若衆一統角力行
為被致候
一大坂柏太殿ゟ十五日出書状着
伊東源太殿へ蝋拾叺注文
物送候へ共少し延引ニ相成跡下落ニ
及候間直引致候様被申候夫故

纔斗之口銭之事故迚も直引は
雖相成候自然先方ゟ蝋戻し候
得バ右拾叺受取代り金五拾両
丈先方へ戻し呉候様申来り候
此趣先方へ引合仕候処直ニ否哉
返事柏太殿へ申遣し様申居候

五月十九日　子　曇天気
晴雨　２６　間風
夕方　０６
寒暖　６８

95
私義
御境内東南之方ニ神武天皇
遥拝所一字別帋雛形之通り
新築奇附仕度此段御伺
申上候　第
社務所
御中
右之通願出し今日社務所ゟ則

縣廰江御伺申上候事
一今日十字頃ニ幸得丸入舩仕候
一角力今日ニ而五日目相済候処又
一日丈日延致候
一長清丸ゟ箱館三月弐日状着仕候

五月廿日　丑　夜前ゟ
晴雨　０８　雨ふり北西風
寒暖　６８

96
一今朝長清丸江指へ廻り候様申来り候
間若金子不足致し候節ハ一仐店へ
頼荷物積入候様書状差出候
尤郵便ゟ遣し申候
一越川丸屋方へ當而伊東吉右衛門殿へ
態々利八ヲ以飛脚ニ遣し江劦
商内寂寄申来り候様申遣し候

五月廿一日寅　曇天気
晴雨　２４　折々雨ふり
昼後３２

寒暖　67
今朝七字時ニ常宮丸入舩仕候
一七月切米此間七圓廿壱せん
買入三枚今日七圓四十三戔
賣埋致し候
一常宮丸積登り白米之内
三百俵丈三圓八拾戔替ニ
安田利八殿へ賣付申候事
一矢嶋四郎兵衛様婚礼之
披露ニ呼れ不軽御馳走ニ
預り多分御酒呼れ申候

97
一烏賊相庭矢張不印与承り申候
一角力今日切ニ而相済申候

五月廿二日　卯　　上々天気
晴雨　49　　間風
昼後
50
寒暖　67
今日箱館五月八日浮舟入舩
長寿丸長清丸両艘書面着
一三井中川様御越し被成候
一昼後常家様ヲ呼取兼而
此間中ゟ油屋孫助様与和談
相成候様此方取斗入仕漸々
両方共得心被成和談ニ相成
御酒一盃指上申候処へ今日
右近旦那様御越被成尚又
大勢丸定次郎様御越し被成
作（昨ヵ）今日御入舟ニ相成皆々様
一処ニ御酒差上申候
一長栄丸徳三良殿京ゟ今夕方
戻り申候烏賊下直困入申候

98
一常宮丸荷役相済ミ積入
致し候事

五月廿三日　辰　　上々天気
晴雨　50　　下り風
寒暖　69　　誠ニ暑し
旧暦四月八日也

午前十字頃ニ石塚氏御越し被成候間
一寸御酒差出し申候
一常宮丸久次郎常宮様参詣
為致候事
一本家ゟ明日天光若ニおいて
神明講御勤被成候様廻章
被下候事
一常宮丸今晩出帆仕候
一利八江刕へ飛脚ニ遣し候處
今晩帰申宅致し候
一小林様暮早々御越し被成候へ共
直ニ今晩帰国被成候事
一今晩弥三良江刕◇様方へ
長栄丸如何致候哉尋ニ遣し申候

99
五月廿四日　巳　　上々天気
晴雨　45　　下り風
寒暖　~~45~~　　暑し
72　　夕方少しふり
今朝弥三郎江刕田口殿方へ遣し候
幸若宅へ神明講呼れ申候

一今朝ゟ中村宗七様御越し被被
幸得丸荷物商内仕候事
五月廿五日　午　　曇天気
晴雨　30　　大南風
寒暖　75
今晩雨ふり
一今昼後ゟ茶小殿相見へ
御酒壱盃進上仕候事
五月廿六日　未　　夜前雨ふり
晴雨　25　　朝寒し
20　　四時ゟ天気

100
21　　夕方少しふり
寒暖　70
一今日は幸若宅御宮司様
迎長衆并山本那須北村
右世話頼ニ付御呼被成此方
御正伴仕候事
一夜前伊東吉右衛門常楽寺ゟ

書状遣し着仕候事
一大坂長武殿ゟ書状着仕候
一昼後ゟ幸若宅ニおいて
宮司様ゟ御馳走被下呼申候
一弥三郎江刕ゟ今晩戻り申候
一村田弥平殿今明日佛事
家内子供参り申候事

五月廿七日　申　朝雨ふり
晴雨　25　上々天氣
寒暖　75　昼前ゟ

101
五月廿八日　酉　上々天氣
晴雨　24　間風
寒暖　70
今朝ゟ幸得丸作事是有候
間墓揚致し候事
一綿屋清助様三回忌佛事
御勤被成呼れ申候
一ます今日学授けんさニ付
一日参り居候

一庄内尾関ゟ五月十九日出之
書状着米相庭追々高
直ニ相成当時四俵四歩ゟ
三歩四俵位迠間もなく参り候
哉申来り候事

102
五月廿八日大工吉左衛門殿へ
気比宮様代呂堂跡へ
遥拝所此方ゟ寄進致
作方則左之通
弐間四方遥拝所
一檜木一式
一金弐拾五両　大工手間
一同　五両　木引手間
一同　五両　日雇手間
合三拾五両也

五月廿九日　戌　朝八字頃ゟ
19　雨ふり
晴雨　追々荒　大南風
13　14　廿八　九十度

昼後大荒之模　２８　９０
８４
寒暖　６８
南大雨風例之通炎(炎カ)致し
綿清様佛事断申上候扇

103

五月卅日　亥　夜前ハ大風
夜前ゟ　大雨ふり
晴雨　２８　今朝四字頃ニ
７９　はれ天氣ニ
８５　相成南風
９６　昼後天氣
寒暖　７０　相成折々ふり
夕方日和
昼迠大勢丸定次郎様御越し被成候

五月卅一日　子　夜前ふり
２９　朝天氣
晴雨　６０　西北風
１０
寒暖　７２

今朝笹木鯡入舟是有
則安宅瀬戸屋七三郎舟
昼後ゟ石塚様へ本郷様与
一処ニ参り呼れ申候事

104

六月朔日　丑　上々天氣
２７　間風
晴雨　３２
寒暖　６８
今日朝田口様御越し被成一処ニ
本家様ヲ招長栄丸相談仕
愈乗出しニ相定御酒差上
申候事此処へ京宇治幸殿
参り烏賊買入ニ参り被成候
一昼後三井様御官員衆ト
永厳寺ニ而御招被成不軽御馳
走ニ被成黄金茶釜ニ而湯ヲ
わかし呼れ此方本家石塚
皆々呼れ誠ニ御馳走ニ預り
申候事

六月二日　　　上々天氣
　晴雨　４０　間風
　寒暖　７２
105
昼後ゟ千歳屋方へ気比宮
様社長衆相定候相談ニ
寄合仕候事

六月三日　寅　上々天氣
　　　４５　暑し
　晴雨　晩方　昼迠南風
　　　４０　昼後少々
　寒暖　晩方　北風ニ相成
　　　７６
今朝烏賊日入致し相談仕候
今朝十字頃ゟ田口様御越し
被成御酒差上申候尚又昼後
茶小本郷様両人御酒差上
申候事
一長栄丸今晩出帆致し候
一今晩三井様黄金水湯
申請皆々呼れ申候事

六月四日　夘　上々天氣
　　　４２　南風
　晴雨　昼時
　　　４０
　寒暖　８０
106
烏賊日入二日目
久次郎宅へ仲間寄致候而
此度幸得丸荷物中買へ賣付候
處跡ニ代呂物ニ故障申立中ニ
請取不申様申居候間色々掛合
仕候得共是非請取不申申居
無拠仲間衆中引取申候事
一今晩桔光方へ参り泊り申候

六月五日　寅　上々天気
　晴雨　４０　南風
　寒暖　８２
今日昼後ゟ堀口様御越し被成

御酒壱盃差上申候処へ網源
様へ今朝幸得丸咄し合頼置候
扨直ニ返事御越し被下同席ニ而
御酒差上申候
一大坂袴和殿ゟ荷物拾壱箇丈
　積送り候様案内書状着仕候

107
六月六日　卯　　上々天気
　晴雨　４２　　南風
　寒暖　８４　　暑し
今朝ゟ御宮様へ罷出祝教
永賞寺ニおいて始り會故
世話方手傳へ罷出候事
一昨日枠嘉宝丸臺颪ニ付
　庚申堂御招キ被下太平参り候
扨此方店中一統呼候様
思召之処壱人丈参り候事故右之
替りハ鯛濱焼壱枚今日
　御持セ遣し下被候事
六月七日　辰　　右同断
　晴雨４２　　暑し
　晩４５　　南風
　寒暖８５
　晩８０
今日は順德院様六百余年

108
ニ相成佐渡ゟ西京へ御帰府ニ
相成今日御通行之処夜分
今庄御泊り今晩ハ当地
庄司半助宅へ御泊りニ相成申候
依先日ゟ毎々御天氣續ニ
而候得共順德院様御帰京
被游候迠天氣續与申唱候事
六月八日　巳　　右同断
　晴雨　４５　　大南風
　寒暖　７６
今日昼後順德院様御出立
被游候疋田泊りニ相成候
六月九日　午　　右同断

晴雨　３８　　南風
寒暖　７６
夜前夕不軽風吹之節若狭
邉出火申候様子相見へ候處今日
昼時ニ小濱大火与申飛脚参り候
109
家数凡六七百軒斗蔵三四軒
斗失焼与申参り候事

六月十日　未　　上々天気
晴雨朝　３８　　不相（変脱）南風
夕　４０
寒暖朝　８
昼　８２
夕　８０
今日向久兵衛様豊七様両人
小濱表へ被参候
一本家様永厳寺ニ而本宝妙
信大姉様拾三回忌佛事
御勤ニ相成則右ハ俗名お常
様与申御伯母様之事御座候

家内しけ小供両人呼れ申候事
一庄山頼母子七會目勤り
三吉参り来亥年鬮此方へ
当り申候

六月十一日　申　　右同断
晴雨　４２　　上々天気
寒暖　７６
８７
110
幸得丸積出し荷役致し候事
一仲買衆方へ参り弥判書取戻り
相改白子又百七拾本判書渡し
大坂長武幸助殿今朝相見へ
烏賊気比宮釣鐘賣拂
致し候節鐘生合見度候間
右鐘いぼ壱つもき候様
此段宮司様へ御伺申上候

六月十二日　酉　　上々天気
右同断

晴雨　４０　　暑し
寒暖　８６　　六字前ニ誠少し
晩方　８２　　雨ふり跡□（虫損）晴
庄内尾関又兵衛殿ゟ先達而
買付米直段四俵四歩五厘賣拂
申候様書面申来り今朝着仕候

六月十三日　戌　　上々天気
　　４０　　毎々同様
晴雨　３２　　下り風
　　３０　　暑し
　　８４
寒暖　８２

111
塩仁方へ
江指登り身欠入船□□（虫損）
商内出来直ハ四貫ニ付代金
三両弐歩かへ与承候申候夜前
丸屋仁三良殿へ笹木入船仕候
直余是無之候事
一夜前小濱ゟ久藏様御戻り
被成候而承り候扇親類内
類焼ハ嶋長石田古河
治左衛門古河久左衛門外ニ絹又
右見舞遣し候亦外ニ
一木谷源七様与申者久藏殿
一番姉さま縁付被成居候

六月十四日　亥　　不相替
今日ゟ入梅　　上々天気
　　３０　　南風
晴雨　２０　　十二字過ゟ
　　０６　　夕立雨ふり
昼後０２　　折々少しもふり
　　１０
　　０２
寒暖　８２
夜８２

112
今日昼前ゟ三井様へ呼れ丸呼れ申候
一今夕方吉右衛門江刕ゟ戻り申候

六月十五日　子　　朝ゟ大雨ふり
晴雨　８０　　昼後ゟ
夕方７８　　上々天気
寒暖　７５
今日夕方前ゟ不輕大熱相成休申候
一本郷様与仲間傳三鯡四百箇
十月切百三匁買入申候
六月十六日　丑　　上々天気
晴雨　３６
寒暖　７６
今晩幸得丸出帆仕候
一塩仁殿此度貸附五ケ年
置居頼居候間先当時其侭
致し置候依而銀主一統振
舞致し候不輕馳走致し候
一本家幸若ニ而関自（取カ）衆ヲ
御呼被成此方御誘被下候得共
病気故断申上候
113
六月十七日　寅　　雨ふり
３６　　昼後天氣
晴雨　４０　　晩方大ふり
暖寒　７６
石塚様御越し被成夜前之肴
貰ひ候間一寸御酒一盃指出し申候
六月十八日　卯　　上々天氣
２８　　南風
晴雨　昼後０４　　旧暦五月
７６　　節句
寒暖　昼後８６
今朝三吉小濱表へ火事見舞ニ
遣し申候志水木綿久越後屋
辻半右之通西洋酒為持遣し候
一今日冽江庵ニ而説教是有候
得共病気断申上候
一大坂伏吉ゟ切糸廿弐両替出来候
様申来り候長武ゟ烏賊直段ハ
拾六両弐歩位与申来り尚又堂嶋
二川方ゟ米相庭申来り候事
右何れも六月十六日認ニ参り候事

114
一今十一字学校へ憚参候則
　母親共参り検査済七級ニ相成候
六月十九日　辰　　　曇天氣
　昼後　０３　　　朝雨少しふり
　晴雨　００夕方００　　西風
　昼後　７６
　寒暖　８３
　夕方　７７
今日ゟ伊東吉右衛門方ニ親吉右衛門拾七回
忌佛事相勤候間香でん秋田
白米壱俵遣し申候事
一大坂伏吉へ判書紙ニ而切糸返事申遣ス
　則直段当地着ニ而廿円□□(虫損)
　拾箇丈送り呉候様申遣し候
一二川茂助殿七月切弐百石
　直ハ六圓五拾せん買付注文
　郵便書状指出し申候
六月廿日　巳　　　夜前ゟ少しも

旧五月七日　　　あめふり
　　　００
　晴雨　８０
　　夕方００
　　　７６
　寒暖　７３
115
本郷隠居様御越し被游兼而
賣拂置候白米品品(ママ)痛候間
直引致し呉候様段々願ニ参候間
無拠七月切之分八月切壱ヶ月延し
遣し候事
六月廿一日　午　　雨ふり
旧五月八日　　　北風ニ
　晴雨　００　　なる
　　　０６
　寒暖　７２
　　　７４
今十字頃ニ三吉小濱ゟ戻り候
夜分金山泊り

一三井御主人様御越し被游候ニ付菓子
御誂被成候得共頓ト思敷無御座候間
堀口御頼ニ付枘屋代金壱歩
蒸菓子壱鉢此方取次遣し候
一今日久次良方へ仲間寄是有参り候
一三井御主人御越しニ付大鱒弐本
進上仕候
一角七方ニ而三社丸身欠永三百六拾五両
今日商内出来目方九貫五百匁位

116

塩仁殿證券写

差入申證書之事

一　私義
大借財ニ相成迚も相續難相成及
成行各々様方へ申訳無御座奉恐入候次第ニ
付此度御集會御願申上有之侭ヲ以
御願申上候処厚御憐愍之上御用捨被成下置
難有御請奉申上候

一金九百八拾六両三歩　西岡治左衛門
永弐匁八歩七厘
一金六百両　本郷弥七
一金四百六拾弐両　田波雉之助
永七貫五歩
一金三百廿三両　大和田庄七
永三貫八歩九厘
一金百両　同庄兵衛
一金百両　原六郎右衛門
合弐千五百七拾壱両三歩
永廿三貫五歩六厘
内四百弐拾両　当冬十二ヶ月
限ニ当金として
請取可申事
残而
弐千百五拾壱両三歩　当戌六月ゟ来ル
永廿三貫五歩六厘　丑六月迠丸三ヶ年
置居分

右之通格別之御用捨ヲ以御聞済被成下御蔭ゟ
家名取續出来重々難有奉存候然ル上ハ実意以
御約定年限ニ無相違御皆済可仕候為後日
之證書依而如件

六月　名達仁兵衛

117
六月廿二日　未　上々天氣
旧五月九日　併曇天氣
晴雨　30
34
寒暖　76
80
箱立六月五日出長寿丸ゟ状
今日着仕候長勢丸同様ニ居
申候
江さし
「△伊三良殿舟江指五月廿一日浮今日
入船致し身欠八百本白子五拾本
六月廿三日　申　上々天氣
旧五月十日　間風
晴雨　38
寒暖　80
78
吉栄丸栄太郎様昼前時ニ
入舩被成候今晩身欠丈
三圓八拾五戔がへ商内仕候
一大坂大六袴和弥吉勝次良様
右書状三通郵便ゟ着仕候
118
一伏木堀田善右衛門殿米相庭
返事着仕候当時吉久米
四圓六拾弐せん地米四圓五拾せん
右申被越候事
六月廿四日　酉　上々天氣
旧五月十一日　間風
晴雨　36
寒暖　78
80
三国問屋沢屋名太両家ゟ吉栄
丸栄太郎様商内致し舟玉風悪
其侭当地へ入舩被成候間是非共
荷物持参り呉候頼被来候へ共
断申書状相添直ニ飛脚夕方ニ
帰し被成候
一㊂傳栄丸入舩被成候新助様

上乗被成御越し之処直ニ今日江刕へ御越し被成候
一大坂(吉)ゟ孫平殿飛脚ニ被参候而
吉栄丸是非積付ニ而上方へ登リ候
様申来リ候今晩逗留被致候

119

六月廿五日　戌　曇天氣
五月十二日　下り風
昼後ゟ雨ふり
晴雨　28　01　60
晩　20　01　50
18　90　夜ニ入02
寒暖　76

今日昼後ゟ栄太良綿平両人
大坂へ出立被成候
一昼後住江丸吉左衛門様（御脱カ）越し被成下
鳥渡御酒さし上申候事
一袴和過ル三日出之仕切書陸運
便ゟ漸々今日着仕候
一大坂二川ゟ請状今晩着仕候
一昼後ゟ

六月廿六日　亥　夜前ゟ
五月十三日　雨ふり
晴雨　8
6
4
晩方00
寒暖　76

今日昼後ゟ永建寺へ参リ此度
永平寺禅寺様則名前
細谷様与申候塩津泊リニ御越し
相成御着之節ハ御挨拶ニ

120

罷出尤袴羽織ニ而参り申候
結構之御菓子頂戴致尚又
御馳走ニ而御酒頂戴仕夕方ニ戻り申候

六月廿七日　子　夜前ゟふり
五月十四日　昼前ゟ
晴雨　02　上々天氣ニ
08　相成申候
24　間風ニ相成申候

２８
寒暖　７９
７６

今日午前十字頃ゟ永平寺様
永建寺授戒ニ付曲膳仕候
永平様ゟ結構成御菓子壱箱
頂戴仕候別而御手軽く盃其侭
頂戴仕候大和尚御布施金
壱円大衆方一切拾銭宛ニ
仕候事尤御膳之外ニ御酒
さし上申候事
一郵便書状大坂長武出伏吉
弐通安宅ゟ五月五日出之
江指ゟ之書状今日着仕候事

121
六月廿八日　丑　南風
五月十五日　雨折々ふり
晴雨　２０
０６
寒暖　７７
７７
今日家内しけ永建寺へ
授戒ニ付着帳付ニ参り申候
一仲間寄ニ参り申候事
一山田金入用ニ付弐千両七月十五日
切ニ而網源受ニ致し貸付申候事

六月廿九日　寅　下り風
五月十六日　不軽暑し
晴雨　０２　折雨ふり
寒暖　８４

六月卅日　卯　下り風
五月十七日　少しもふり
晴雨　００
０８
寒暖　７８
７６
本家名当ニ山本方へ三千両かし付
置候金子之内弐千両今日戻り申候

122
七月朔日　上々天気
五月十八日　間風

晴雨　２０
２〃
寒暖　８０
一神楽丸和太郎殿相見へ御酒
差上申候
一伊東吉右衛門江劢へ午後六時ゟ出立
一昨日江劢[一]御支配人誠兵衛
様へ御伺申上候而金米（ママ）糖壱箱
進上仕候
一永建寺へ本家石塚同道ニ而
参詣仕候
一幸得丸馬關へ廿五日入舩之
便り廿七日出郵便書今晩仕候
一大坂二川ゟ六圓五拾戔指直
今日六圓四拾九戔七月切廿枚
買付判書今晩着仕候
一㊂武助様御越し被成御酒指上申候
一同人様手舩住江丸吉左衛門様
弥直段不引合ニ付上行出帆
被成候事

123

七月二日　庚申　　上々天氣
五月十九日　　間風
晴雨　２９　　昼後ゟ不軽
寒暖　７６　　暑し跡ハ
８２　　西風模様
気比宮様例年之通常宮江
相卯之祭り当年ゟ改御轡様
御出ニ相成御宮様天神濱沾
四日講連中一流敬（ママ）囲仕候
舟は丸屋観音丸御乗舟被成候
一小供両人昼後ゟ永建寺参詣仕候
一栄太郎様今晩引取被成候
七月三日　酉　　朝少し斗
五月廿日　　雨ふり跡は
晴雨　２４　　上々天氣
０６
寒暖　７８
８６
右近権太郎様出合慶長金
小判壱枚預り申候事

一吉栄丸今晩乗船被成候
一永平寺様へ先達而御土産頂戴仕候
御禮ニ金三両進上仕候

124
七月四日　戌　夜分ゟ
五月廿一日　大雨ふり
晴雨　06
　　　00
寒暖　78
　　　84
永建寺授戒今日昼切ニ仕舞ニ
相成申候
一午前ゟ右近様御越し被遊一寸
御酒さし上申候

七月五日　亥　夜前ゟ大ニ
五月廿二日　雨ふり西風
晴雨　06　涼し候事
　　　02
　　　06
寒暖　76
　　　79
幸得丸馬關六月廿七日出状着
鯡〆粕押込弐百五匁賣払

七月六日　子　夜前ゟ
五月廿三日　天気ニ相成
晴雨　26　間風
寒暖　76
　　　78

125
七月七日　丑　夜前ゟ雨ふり
五月廿四日　下り風
晴雨　20　不軽大雨ふり
寒暖　80
夜吉左衛門守山七月十三日出書状
今日着仕候弥大不印ニ御座候
一千歳屋方へ気比宮祭之
相談寄ニ参り申候事
一晩方永厳寺へ参り申候事

七月八日　寅　夜前与り

五月廿五日　　大雨ふり
晴雨　２０
０８
８０
寒暖　７８
夜前吉右衛門伊助両人江刕ゟ戻り
今朝ゟ石塚本郷両人御越し
被成御酒さし上申候事
七月九日　卯　夜前ゟ
五月廿五日　大雨ふり
晴雨　０６　昼時ゟ揚
126
寒暖　７６
今朝本郷様石塚様与両人
呼れ申候事
一个豊吉様御越し被成一寸
御酒さし上申候
七月十日　辰　今朝ハ
五月廿七日　雨あかり申候
００　得共不軽寒し
晴雨　８０
２８　昼後ゟ
７８　８２　明日ハ不軽荒与
寒暖　７２　相見へ申候事
７４
今日京都へ晒金巾買ニ態々
飛脚仕立遣し申候
一真願寺ニおいて祝教ニ参り申候
一気比宮江戸福（副カ）長衆祭礼
寄合ニ頼参り申候御酒呼れ申候
七月十一日　朝大雨ふり
五月廿八日　間風
廿八　寒し
晴雨　９０
９６
10０
廿九０晩方
寒暖　７２
７６

127
今朝常宮丸入舟仕候江指
廿四日浮
一越中伏木堀田善右衛門殿方へ
吉久米上五百石三両三歩ゟ四両迠
尤諸掛り共舟乗注文申遣し候
郵便書状差出し申候

七月十二日　午　　上々天氣
五月廿九日　　夜前ゟ
０４　　間風
晴雨昼　２０
７２
寒暖　昼７８
今朝ゟ千歳屋方へ御宮様
祭禮寄相談仕候一寸御酒呼れ申候

七月十三日　未　　上々天氣
五月卅日　　下り風
晴雨　３０
寒暖　８０

増田利兵衛様御越し被成御酒
指上申候

128
七月十四日　申　　上々天氣
六月朔日　　下り風
晴雨　７８　　少しもふり
寒暖　７８
８４
今日又吉大津へ登り此便ニ
米之執斗致し候様申遣し候
一今夕方ニ市田屋直三郎殿ゟ
大鯉壱尾貰請候處無致候
間若六殿ヲ頼料理致貰
遣ひ候處誰も御客無是候間
無拠石塚様頼御越し被下跡へ
高谷様御越し被成御酒指出申候

七月十五日　酉　　上々天氣
六月二日　　南風
晴雨　３８　　誠ニ暑し
３６

８２
寒暖　８６
８９
一今朝越中放生津塩仁客船
御越し被成下御酒壱献指上申候
一今夕方ニ江口船頭衆星野
清五郎様手船右三人御越し
被成下西洋酒指上申候事

129
七月十六日　戊　上々天氣
六月三日　下り風
晴雨　３１　不軽暑し
寒暖　７８
８２
今朝常宮丸出帆致し候
七月十七日　亥　上々天氣
六月四日　日方間風
晴雨　３９　不軽暑し
３８
寒暖　８０
８８
今日昼後気比宮拝殿ニ而例年
九月分之四日講相勤尤当年
祭禮相談役割相定メ申候
一晩方ゟ堀口様御馳走被成候而
今橋之上ニ而御酒呑跡ハ東へ
廻り桔光方へ寄鳥渡御酒
出し皆々一処戻り申候
一今日濱五様ゟ鰕壱鉢貰
請直ニ宮司岩田様へ進上仕候
一塩仁方へ蔵入白子三百五拾本
一鯡四百拾六箇高嶋屋蔵へ入置候

130
七月十八日　子　少し曇天氣
六月十五日　間風
３８
晴雨　３４　夜十字頃ニ
寒暖　８２　少し斗雨ふり
８６
一今昼時金比羅丸紋助殿
入舟被成候

七月十九日　丑　曇天氣
六月六日　間風
３０
晴雨　２８
寒暖　８４
七月廿日　寅　上々天氣
六月七日　間風
２８
晴雨晩方３０
寒暖　８６
土用入朝七字ニ入
昨日岩田祝丸与惣吉殿御越し
被成御酒さし上申候
一今朝は永厳寺へ参り弐字
過迠遊ひ種馳走ニ呼れ申候
131
昼後長照寺へ説教ニ参り申候
七月廿一日　卯　上々天氣
六月八日　間風
土用二日目
３４
晴雨　３０
４８
寒暖　８２
今朝三井堀口石塚両人
御越し被成御酒さし上申候
一宮司岩田様塩仁前家ヲ
御借り被成家移祝へ御招
被下候得共断申上候処御膳送り
被下候
一柏しつ殿ゟ今日呼被成候
得共余り暑く故見合断
申遣し候処今日肴色々送り
被下候
七月廿二日　辰　上々天氣
六月九日　間風
土用三日目
晴雨　３１

132
寒暖　７８
　　　８６
今昼後幸栄丸治兵衛様御越し
被成御酒さし上申候夕方気比
川端外記御越し被成候御酒
進上仕候

七月廿三日　巳　上々天氣
六月十日　間風
晴雨　３１
寒暖　７８
今日昼後幸得丸馬關
七月十日浮入舟仕候

七月廿四日　午　上々天氣
六月十一日　下り風
晴雨　３１　暑し
寒暖　８８
今朝は金比羅丸幸得丸両艘
橋舟ニ而常宮様へさら石
取ニ参り気比宮遥拝所へ
致候分五拾俵取ニ参申候
常宮拝殿ニ而御酒呑申候
本家石塚濱五伊東
桔光連与参詣致し夕方
133
戻り申候事

七月廿五日　未　下り風
六月十二日　上々天氣
晴雨　３０　今日□□（虫損）風
寒暖　８４
　　　９４

七月廿六日　申　上々天氣
六月十三日　下り風
晴雨　２９
寒暖　８２
　　　８５
　　　９２
今晩金比羅丸紋助殿

出帆致し候

七月廿七日　酉　　上々天氣
六月十四日　　昼間風入ニ相成
晴雨　３１
寒暖　８４
今日昼後ゟ病氣ニ打臥申候
一勝次郎様今日大坂へ出立被成候

134
七月廿八日　戊　　上々天氣
六月十五日　　西日方入風
晴雨　３１　　暑し
寒暖　８２
９１
今晩幸得丸出帆致し候
岩田祝丸出帆被成候

七月廿九日　亥　　上々天氣
六月十六日　　南風
晴雨　３２
寒暖　８２
６０
今晩幸栄丸治兵衛様出帆
被成候

七月卅日　子　　右同断
六月十七日　　下り風
晴雨　３４　　始終日
寒暖　８２　　曇天氣
８６　　涼しく御坐候
今朝吉右衛門殿縣廳へ清水宗兵衛
身代限りニ付貸其願面ヲ以願
□（虫損）申上候事

135
七月卅一日　丑　　上々天氣
六月十八日　　下り風
晴雨　３３　　不軽暑し
２５
寒暖　８４
昨日昼後ゟ遥拝所餅蒔ニ付米
洗致し候尤粉引ニ音吉昼後
ゟ雇参り申候

今朝与り音吉よし両人先洗
致し候

八月朔日　寅　　今朝五字頃ゟ
六月十九日　　雨少しもふり
晴雨　２０　　西南風
１６　　甚涼し
寒暖　８０

今朝ゟ遥拝所愈明日餅蒔
致し候間此方ニおろし餅
搗致し候則小方惣中
愛宕太右衛門太良五郎権兵衛
□□(虫損)伊三良音吉弥惣治
か丶吉佐渡屋文吉近太
右手傳致し参り候

136

今晩三国ゟ　藤五郎様
知工殿陸ニ而御越し被成候得共
唯今品方直ニ出来不申候尤
荒物抔ハ小廻りニ積送事も
出来不申仍而直ニ元舩御乗廻し
被成下候様申遣し明朝三国へ
帰国被成候

八月二日　卯　　南大風吹
六月廿日　　折々雨ふり
晴雨　２５　　得共
寒暖　８２
８６

今昼後壱字ゟ気比様へ
昨日搗申候餅不残持参致
遥拝所へ錺り大工家根屋
祈祷相済し神官一統
祭典是有尤音楽ニ而
祭り事相済四字過蒔餅
致し誠ニ天気都合よろしく
無障相済帰宅之砌小方
一統御酒呑目出度相済

137

蒔餅之内壱半切丈持戻り
親類一統近所近付之方へ
賦り申候事

一今晩夜宮祭り無滞相済

八月三日　辰　夜前ゟ
六月廿一日　雨ふり
晴雨　２４　南風
２０
寒暖　８２
０８

今日朝六字揃ニ祭禮神輿
御渡り之積ニ致し候処余り
雨ふり延日ニ相成明日は午前
拾壱字揃之約定ニ致し候

八月四日　巳　上々天氣
六月廿二日　南風
晴雨　３０　不軽暑し
寒暖　８９

138
今日誠ニ上々天氣神輿様も
十一字頃ゟ御順行ニ相成候
講中一統警固仕候通筋
下之通御宮御影堂筋東町
西町行当り金ヶ辻子入庄町
庄之橋渡り川邊り今橋
渡り金ヶ辻へ上り中屋真直ニ
表町迠行天神境内ニ於
暫く相休大辻子ゟ嶋寺唐仁
ばしへ行当り本之所ゟ
御帰りニ相成神輿者直ニ
遥拝所へ納神酒戴キ
戻り候事

八月五日　午　上々天氣
六月廿三日　不軽暑し
晴雨　３５　南風
４０
寒暖　８７

今日十字ゟ拵十二町壱ツ山ヲ
無滞相渡り相済申候

139
八月六日　未　上々天氣
六月廿四日　夜前ゟ不軽

晴雨　4　南風強く
　47　吹キ申候
寒暖　84　折々誠少しも
　雨ふり

八月七日　申　南風
六月廿五日　上々天氣
晴雨　42　朝少し曇天ニ候へ共
　34　跡上々天氣
寒暖　82　此頃日和宜敷候
　84　得共何与なく
　雨景色含申候

昨日御宮様遥拝所へ鈴壱ツ紐
晒白木綿弐筋献上仕候
一過ル四日ニ本郷様ゟ大津油
十一月切五圓五せん位迠此方分
百樽本郷百樽「リ徳平様
五拾樽能登吉五拾樽注文
申遣し被成候事
一伊東吉右衛門頼御縣廳へ御用ニ而
罷出申候事定清丸宗平義
御用与奉察候

八月八日　酉　南風
六月廿六日　折々少しも
　雨ふり
　不軽暑し

140

晴雨　30　此間中ゟ不軽
　26　南大風吹募
　06　併取早雨景
寒暖　84　余程相成申候
　折々大雨ふり

昨日夕方ニ三国新保六兵衛与
申人被参兼而昨年ゟ濱ニ揚
置有之候舟玉愈々此度三ツ井
小野田両人賣拂ニ相成候間
此方へ世話致し呉候様申来候
仍直ニ中川様呼取右之趣
咄し合承り申候処三ツ井方ニは
一切存不申様申居候今晩
中川様同道致桔光方

ニ而御酒一盃さし上申候
一昨日金ヶ辻子會所へ参り九月切米
六圓六拾戔ニ而廿石買入申候
一今朝弥三郎金(ママ)兵庫表へ
参り候間此便ニ大坂伏吉外ニ
隣合買物用向ヲ夫々頼遣し候
一気比宮様ゟさい銭献金
六拾両分両替致し貰候今日
右代金相渡し申候事
一米會所十二月切初り参り御馳走ニ
呼れ則左之通り賣買致し候

141

此方九月切正米　拾石
　五両八拾戔賣
昨日九月切六圓六拾せん買入之内
今日六圓七拾三せん壱枚賣付
八月十日　六圓七拾三せん壱枚賣都合弐枚分仕舞候
十月切　拾石　六圓廿三せん買入
同　　拾石　六圓廿五せん買入
長栄丸徳三良殿玉しまゟ過ル
十二日出書状荷物揚置致し候而
其侭直下り致し候様申来り候
一庄内尾関方ゟ十一日出書状
着大体差直段位ニ買付
出来候様申来り候当時相庭
御米五俵八歩八月切百俵序
見申来り候事

八月九日　戊　　夜前ゟ南
六月廿七日　　大荒風吹
晴雨　０２　　不軽大時化
昼後　７０　　昼前ゟ少し
　　４０　　風やみ天氣
寒暖　８２　　併ながら雨景
　　８６

一天野様雇衆ゟ御越し被游候
間氷砂糖壱斤箱入進上仕候

142

八月十日　亥　　不相替南風
六月廿八日　　少しふり
　　０２　　上々天氣
晴雨　０６　　相成申候

２０　　　暑し
寒暖　８２　　今日大夕立
本郷様ゟ大津十一月切正油
百樽直ハ四圓八拾五戔
買付参り此方へ判書請取
一昼前ニ石塚様御越し被成御酒出し申候
一夫ゟ後米會所へ行左之通り
十月切　三枚　　八月九日晩
六圓廿壱せん
同　　五枚
六圓卅五せん　　八月七日昼
右買入
十二月切五圓九十三せん　壱枚買入

八月十一日　子　　上々天氣
六月廿九日　　朝嵐し
２４
晴雨　２８
３０
寒暖　８２
８８

一伯刕境港面谷方ゟ五月五日出書状
今朝着長清丸七月十九日三保ヶ関
入舟候廿日頃出帆ニ相成申候事申來候
一今日高谷様へ先日仲間客人毎日
届ヶ出一条御書状申上候処早速ニ
143
御聞届ケニ相成候間此御礼与申事も
無御座候へ共舟ニ呼れ候間大坂
酒キ印壱挺進上仕候
金ヶ辻子會所へ
九月切　三枚　直ハ六圓五拾戔賣
右ハ七圓廿せん買附換致し候
右代りニ十二月切三枚
五圓九拾壱せん買

八月十二日　丑　　上々天気
七月朔日　　北風
晴雨　２８　　風入候得共
２４　　夕方下り風なし
２８　　惣一面稲
寒暖　７８　　ひよりも

86　　少しふり
82
今朝吉右衛門大津へ登り置候米
賣拂ニ遣し申候
一昨日新宅へ小林ゟ態人被参
煎茶碗五ツ貫請当日卅一日
頃ニ金子三百両少し呉候様
申来り承知仕候事

八月十三日　寅　上々天氣
七月二日　下り風
晴雨　28　昼後少し吹返し
24　入風跡ハ
144
寒暖　82　大夕立雨ふり
88　十字頃ニ天氣
92　相成申候
88
84

八月十四日　卯　上々天氣
七月三日　下り風
晴雨　26　暑し
28
寒暖　82
86

八月十五日　辰　上々天氣
七月四日　西ノ風
29
晴雨　32
34
87
寒暖　85
今日善妙寺へ朝ゟ説教之
手傳ニ参り申候
一夜前十字前ハ内中大掃除
致し小方一統日雇弐人雇
昼迠ニ相済し申候事
一今晩ニ川ゟ書状着受大津
吉右衛門十四日出し書状着直ニ大坂へ
十月切賣埋ニ來り候様申來ル

大津へ登し置候正米六拾壱両弐歩位
中来候事
八月十六日　巳　　右同断
七月五日　　西風
甚暑し
折々少しふる

145

晴雨　35
40
寒暖　82
85
午後八字ゟ善妙寺へ神宮説教
世話参詣仕候
一大坂大津能天氣ニ相成候間
十月切五拾五圓五十せん
うり埋仕候
八月十七日　午　　南風上々天氣
七月六日　　昼前ゟ少しも
晴雨　42　　入風是は
38　　吹廻し相見申候
寒暖　91
一十月切五拾六圓廿五せんうり
八月十八日　未　　右同断
七月七日　　不軽暑し
40
晴雨　31
36
37
寒暖　88
91
八月十九日　申　　昨日ゟ大南
七月八日　　風ニ相成申候
不軽暑し

146

晴雨　31　　夕方七字頃ゟ
28　　大雨大夕立
夕方　38　　ふり雷鳴り申候
寒暖　82　　晩方上々天氣

92
一午後一字頃ニ吉右衛門大坂大津
米賣捌キ帰宅仕候事
八月廿日　酉　　上々天氣
七月九日　　南風
晴雨　30　　暑し
28　　夕方前ニ少し
30　　ふり二字頃上々
寒暖　78　　天氣ニ相成
90
91
今朝御寺へ参詣致し候昼後ゟ
善妙寺へ説教ニ参り申候
一今晩ゟ三吉病気ニ付宿元へ参り候
八月廿一日　戌　　右同断
七月十日　　夜前壱字頃ゟ
夜前俄ニ　　南風強く
晴雨替り03　　涼しく相成候
60　　今朝不軽雲焼

廿九度壱度迠戻り　　赤く相成定而大風
寒暖　80　　朝ゟ晴雨斗ハ
82　　廿九度八度ゟ八字頃ニ
夕方　84　　壱度ニ相成申候
82　87　　九字ニ者28度ゟ
晴雨十字迠ニ　　九拾度ニ成十字頃ニは
廿九　　28度八拾度ニ相成
78
此時大風ふく西雨風吹
一字間之間大荒跡は
直ニ晴れニ相成
晴雨斗廿九度壱度迠ニ戻り
147
今日八時頃ハ不軽大雨風荒候へ共
直ニ跡ハ穏ニ相成少し斗雨ふり
晴雨斗も直り追々天氣之筋
一米會所へ参り十二月切五枚
六圓拾せん五厘買九月切壱枚
六圓七拾六銭賣
八月廿二日　亥　　夜前ゟ日和

七月十一日　　西風
晴雨22度　　終日曇天氣
06
09
24
寒暖　80
昨日勝次良様大坂ゟ戻り被成
今朝御越し被下長清丸寄嶋ゟ
手紙遣し候尤豊後屋方へ荷物
揚置致引当金子五百両
借入長栄丸ゟ三百両借入申候
大体十九日頃ニ出帆可致承申候
八月廿三日　子　　天氣ニ相成
七月十二日　　西風入れ
晴雨　30
35
148
寒暖　76
80
82

今日ゟ八せん入
一昨日柏志ずゟ鮎鮨壱桶
到来致石キ石塚本郷
御越し被成御酒進上仕候事
八月廿四日　丑　　天氣ニ相成
七月十三日　　西風入れ
晴雨　32　　寒し
26　　曇天気
寒暖　74
76
八月廿五日　寅　　夜前ゟ大
七月十四日　　雨ふり西風
晴雨　04
0〃
寒暖　76
今昼後三字ゟ気比宮様拝殿へ
講社寄ニ参り申候事
八月廿六日　卯　　上々天氣

七月十五日　西下り風
晴雨　20　今晩大雨ふり
24
寒暖　80
82

149
今午後三字頃長寿丸入舟仕候
審仕候所七月三日浮四日五日目
着舟誠ニ当年は下り風斗
吹詰申候

八月廿七日　辰　夜前ゟふり
七月十七日　下り風
晴雨　28　暑し
32　九字頃天氣ニ相成
寒暖　80　夫ゟ追々暑し
86　夕方誠上々夜
之処十字頃ニ又々
雨風ニ相成壱字頃
はれ天氣ニ相成
一昼後米會所へ行左之通り

九月切壱枚七円廿せん
十月切五枚七円壱せん
十二月切五枚六円卅五せん
右うり會所ゟ戻り直ニ又
一永厳寺へ参り修理方一統ノ寄
不軽御馳走ニ預り戻り申候方丈
くり屋根痛普請願居候
今晩戻り吉光泊り

八月廿八日　己　今朝ニ相成
七月十八日　少々天氣
晴雨　31　下り風
28　折々少し斗ふり
寒暖　84

150
今朝加々吉家内小濱へ出立被致候
依是金五百疋香でん隠居へ
金百疋菓子料進上致し候
一長寿丸昨日ゟ荷役致今日
大躰揚明朝揚切被相成申候
一米會所へ行

十月切弐拾六円八十八戔買
八月廿九日　午　夜大雨ふり
七月十九日　今朝ハ天氣
晴雨　２０　併南風
　　　０４　寒し
寒暖　７８
　　　８０
今朝吉右衛門宗兵衛用向ニ付頼
縣廳へ罷出候弥明日身代限り
賦當ニ相成申候
一長寿丸身欠賣拂　直ハ四円
　　五拾せん
　うり
一米會所九月切弐拾七円十八せん
　同　弐拾七円廿四せん
一十月切　弐枚七円拾四せん買
一十二月切　五枚六円四十五せん買
〆
151
八月卅日　未　夜前ゟ西風

七月廿日　折々大雨ふり
晴雨　０４　今朝ゟ同様
　　　０６　又々西風ふり
寒暖　７４　誠ニ寒し
　　　７６　夕方暑し
昼後長宝丸勝次良様御越し被成
かしわ半羽買御酒さし上申候
一米會所へ参り左之通賣
九月切四枚七円四十三せん賣
十月切弐枚七円卅壱せん賣
十二月切弐枚六円六十九せん賣
四ツ目
十月切
　弐枚七円廿五せん買
十日切
八月卅一日　庚申　夜前も大雨ふり
七月廿一日　今朝少し天氣
晴雨　０６　曇天気
　　　６４　誠寒し
寒暖　７０

76
今日昼後時ニ常家殿書状壱通
持参り披見仕候所則当月廿二日出
　風
伊豫早しま神ノ浦与申所ニ而
過ル廿一日朝存外大雨風木綿源
久福丸難舟致舩頭始衆中
一統無難ニ候尚又長清丸幸八

152
同様難舩致し候趣申参り候
併是は舩頭幸八は廿日出帆
蒸気ニ而下ノ関へ下り候趣先日
申参候定而留守中故与察候
併而尓今長清丸ゟ何之沙汰も
無是便り待受申候事
一勝次良殿被参委細尋候へ共
　頓ト訳り兼申候御酒進上仕候

九月朔日　酉　上々天氣
　七月廿二日　折々曇天ニ候へ共
　　晴雨　24　誠風なし
　　　　30
　　寒暖　80
　　　　84
今昼時過ニ長清丸舩中伊豫
風早嶋ゟ廿九日出立着仕候処
道具も一向揚不申様申居候
一

九月二日　戌　上々天氣
　七月廿三日　暑し
　　晴雨　31
　　　　32
　　寒暖　80
　　　　84

153
今朝早々長清丸舩中伊豫国へ
出立仕候事舩頭幸八殿へ
早々登り候様申遣し候
一四ツ時頃弥三良殿越中伏木へ
　米請取ニ遣し申候金子
六百両持参致し候事

一長寿丸今日手仕舞出帆之積ニ
致し候事
米會所へ行十二月切弐枚残り有
今日賣仕舞致し申候直ハ六円
九拾戔
尚又改買付十二月切五枚
六圓八十七戔
九月切壱枚七圓五拾九戔
買付
壱枚七圓五十八戔

九月三日　亥　上々天氣
七月廿四日　間風
晴雨　32　夜前ゟ不軽
36　寒し
寒暖　70
82
今日大津ゟ油賣埋判書着則
直ハ四円八拾四戔八月七日買
五円八十五せん今日
賣切候

米會所昨日買入候七月切弐枚七円七拾三戔
うり
拾四銭五厘利喰　尚又十月切三枚買
内訳七円五拾戔壱枚
十二月切壱枚七円買入　七円五十三戔弐枚

154

申月
九月四日　子　上々天氣
七月二十五日　間風
晴雨　42
寒暖　70
78
82
今朝長寿丸へ勝次良様乗被成
出帆致し候事
一米會所ゟ敷金預ヶ置分三百両丈
請取申候事昨日大津相庭
不軽下直ニ相成申候
十月切　七円四拾三せん　弐買
十二月切　六円八拾七せん　弐買
十日切　三枚買分今日直ニ切申候

九月五日　丑　上々天氣
七月廿六日　下り風
晴雨　40
44
46
寒暖　76
82
一多平常宮へ行縄間浦田地
證文掛合参り申候事
一覚造ヲ御縣廳へ指出し兼而
志水宗兵衛身代限ニ賦当
金八円廿四戔壱厘請取申候證文
御縣廳ゟ裏書御印頂戴致し
本人相續相成候上ハ残り金高之分
六拾円〇七拾五戔九厘身代持直し次第
済方請取可申候事
一昼後宇治屋治助様御越し被成
一寸御酒指上跡ゟ吉光方へ参り
155
又々御酒始メ十二字頃呑申候
一昨日昼後ゟ板屋清七様態々
長清丸破舟之見舞ニ御越し
被下御酒一盃指上本郷隠居
一処ニ御酒進上仕候事
一九月六日　乙寅　上々天氣
七月廿七日　夜前ゟ南風
晴雨　42　荒吹折々曇
39　天気
38
寒暖　76
84
82
一九月七日　卯　西風雨ふり
七月廿八日　昼後大ふり
晴雨　40
32
28
寒暖　72
78

70
今日昼後宇治幸治助様
御越し被成漬物ニ而御酒指上申候
跡此方壱人桔光へ行泊り申候
一九月八日　辰　上々天氣
七月廿九日　西風入
晴雨　26
24
156
寒暖　76
82
久次郎方へ仲間寄ニ参り此度
幸光市左衛門會合仲間へ加入
頼入段々被頼承知仕候一統
提重壱組外ニ大平御酒持参
被致承知仕候趣呼れ申候事
一今朝辻半三良様御越しニ相成
土産万金丹廿帖申請候事
一今晩加々吉方ニ而辻半様ニ呼れ申候
一堀口嘉右衛門様御越し被下候事

一[一]金袋丸入舟ニ相成候
九月九日　巳　上々天氣
七月卅日　折々曇天氣
晴雨　34
40
寒暖　76
82
71
一昼後寿宝丸市兵衛様
御入舟被成候キショロ登り
一勇丸鱈身欠入札ニ而賣払
一久福丸伊三良様入舟被成候
157
九月十日　午　上々天氣
八月朔日　西下り風
晴雨　42　夕方ゟ曇天氣
44
寒暖　72
82
76

九月十一日　未　上々天氣
八月朔（二）日　昼後曇天
晴雨　43　下り風
42
46
寒暖　7〃
78
朝十字頃右近御主人御越し被成
御酒さし上申候午後三字迠御越し被成候
一岩倉屋永宝丸入舟被成候
九月十二日　申　右同断
八月二（三）日　下り風
晴雨　36　日方入
32　昼後曇天
26　夕方少し雨ふり
寒暖　68
72
78
今朝九字頃永厳寺ニ於いて
徳譽泉高廣信士是俗名
徳兵衛与申家内しけ之
158
実父ニ御座候間松前箱館
戸沢屋徳兵衛与申家名相定
死去被致当年ニ而拾三回忌ニ
相当り佛事供養致し候
永厳寺ニ而相勤参詣仕候事
九月十三日　酉　夜前ゟ
八月三日（ママ　以下同様）　朝雨ふり
晴雨　24　西風荒
02　余程大荒
28　昼後ハ不軽荒
寒暖　84
70
72
九月十四日　戌　上々天氣ニ
八月四日　相成間風
29

晴雨　０６
　　　２４
寒暖　７０
　　　７８
　　　８２
今日昼後弥三郎越中戻り申候

九月十五日　亥　曇天氣
八月五日　南風
晴雨　２４　寒し
寒暖　７８

159

夜前久福丸伊三良様出帆被成候
一弥三郎越中へ米弥積取候
哉賣拂候歟ニ遣し申候事
一昨日大坂長寿丸知工殿戻り申候
一伊東吉右衛門大津表此方へ米
賣拂ニ遣し申候事

九月十六日　子　曇天氣
八月六日　下り風

晴雨　６０　夕方ゟ天氣ニ相成
　　　８０
寒暖　７６
　　　７８
　　　７６
夜前晴雨２４之処今朝ニ至り
６０迠下り候へ共雨も格別降
不申尤大曇天氣之処又々
夕方ゟ天氣ニ相成申候へ共
是は何れ今晩歟明日迠之内ニ
雨ふり候哉与奉存候
一昼後ゟ浄福寺京村上殿
道具市致し買物ニ参り申候
少々斗買調申候事

160

九月十七日　丑　朝天氣
八月七日　下風
　　　寒し
晴雨　６２　跡雨ふり
　　　９４
寒暖　６８

今日ゟ永賞寺本堂中教院
ニ相成今明開院参詣夥しく御座候
九月十八日　寅　上々天氣
晴雨　32　寒し
40　間西風
寒暖　68
72
今は中教院学校一体不残
参詣致し呼れ申候事
一夕方前ニ米會所へ参重肴
御馳走ニ呼れ戻り申候
九月十九日　卯　朝少しふり
九月九日（ママ）　上々天氣
晴雨　46　西風寒し
50
52
寒暖　68
72
74

昼時過ニ長清丸船中幸八皆々
海上致し候へ共無事帰宅仕候

161
九月廿日　辰　上々天氣
八月十日　間風
晴雨　52　併誠曇天
56　甚寒し
彼岸成
寒暖　68
72
江指泊り堀内手船寿宝丸
市兵衛様今朝出帆被成候事
九月廿一日　巳　上々天氣
八月十一日　間風
晴雨　45　誠暑し
52
二日目
寒暖　72
今朝ゟ石塚河田様両人
御越し被成御酒さし上新米

たし飯進上仕候事
九月廿二日　午　上々天氣
八月十二日　下り風
晴雨　５２
４８
寒暖　６６
７４
三日目
夜前御器九頼色々考貰候處
常宮丸来月十日迠之内入舟肥物
来亥三月末迠上直段与考へ
只今ゟ極月迠揚り申候事
162
九月廿三日　未　夜前ゟ
八月十三日　雨ふり
彼岸四日目　南風
晴雨　４１
３５
寒暖　７０
昨朝[一]両艘出帆致し寿宝丸
市兵衛様出帆被成候
永厳寺へ彼岸中日ニ参詣仕候
九月廿四日　申　西風
八月十四日　折雨ふり
晴雨　３６
３８
寒暖　７２
五日目
大津吉右衛門廿二日書状観世町
天治殿持参被成直ニ今朝
義助江刕へ迎ニ遣し申候事
一昼後ゟ石塚様同道ニ而
愛宕山様へ参詣致戻り道
桔光方ニ御酒初り晩迠御坐候
九月廿五日　酉　西風
八月十五日　朝少しふり
晴雨　４１
六日目
寒暖　６４

163
今日は余り天氣宜敷候間井政
殿又吉連松原へ弁当致し游参
致し候

九月廿六日　戌　　上々天氣
八月十六日　　跡曇天氣
晴雨　４０　　少しふり
寒暖　７４
彼岸仕舞

九月廿七日　亥　　朝方ふり
八月十七日　　昼後ゟ天氣
晴雨　４０
寒暖　７０
今晩長福丸長七様御越し被成御酒
さし上申候

九月廿八日　子　　曇天成り
八月十八日　　天氣ニ相成
晴雨　４２
寒暖　６８
今晩早々吉右衛門大津ゟ夜通し戻り
当地米買入申候直ニ小八
小濱表へ米塩買入ニ遣し申候

九月廿九日　丑　　上々天氣
八月十九日
晴雨　４６
164
寒暖　７４

九月卅日　寅　　上々天氣
八月廿日　　西下り風
晴雨　３８
２０
寒暖　６４

十月朔日　卯　　夜前ゟ西風
八月廿一日　　大雨ふり
晴雨　００　　寒し
２０

24
寒暖　58
74

十月二日　辰　　間風
八月廿二日
晴雨　30
寒暖　60

十月三日　巳　　間風
八月廿三日　　上々天氣
晴雨　35　　四ツ時頃ゟ
寒暖　65　　雨ふり跡ハ
又々天氣ニ相成
今朝大坂へ出立塩津へ
昼時着二字頃ゟ蒸氣ニ乗大津へ
葉原七字過ニ着仕候

十月四日　午　　上々天氣
八月廿四日　　四ツ時ゟ
晴雨　40　　雨ふり
寒暖　72
今朝大津へ京都籠ニ乗り京都
用向壱弐軒相済直ニ人力乗伏見へ

165
十月五日　未　　夜前大雨ふり
八月廿五日　　大坂へ三字頃着
今日九字頃ニステシヨンへ参り岡蒸き
乗り神戸へ兵庫へ参佐兵衛様方
江着直ニ戻神戸ゟ西京丸へ乗舟
夕方暮早々大坂へ着久代屋方へ泊り

十月六日　申　　上々天氣
八月廿六日

十月七日　酉　　右同断
四ツ時ゟ大雨ふり
西北風
今朝大津屋さま連而舟見ニ参り
うわ屋方へ寄久代屋方夜二字
頃迄酒呑申候

十月八日　戊　　上々天氣
八月廿七日　　北風
今晩河六ゟ夜舟ニ乗り朝伏見へ
着夫ゟ直ニ人力ニ而大津へ着直ニ蒸
氣ニ乗り戻り

十月九日　亥　　上々天氣
八月廿八日　　間風
今朝伏見ゟ大津へ着蒸氣ニ
乗り夕方早ニ塩津へ着木又
泊り

十月十日　子　　上々天氣
八月廿九日　　間風
今日昼時分無事ニ帰宅仕候

十月十一日　丑　　右同断
九月

166

十月十二日　寅　　曇天氣
九月二日　　昼後雨ふり
今日西栄丸藤五良様入舟被成候

十月十三日卯　　上々天氣
九月三日
今日昼後ゟ宇治屋治介様与
朝此方ニ而御酒模様松原
江見物ニ参り申候事
一今晩藤五良様三国ゟ陸ニ而
御越し被成候

十月十四日　辰　　上々天氣
九月四日　　間風
今日気比宮拝殿ニ而奉納
能狂言是有一寸拝見仕候

十月十五日　巳　　上々天氣
九月五日　　間風
昼後ゟ岡屋ゟ枠屋利兵衛様
同伴ニ而井川へ松茸取参り
呼れ申候事

十月十六日　午　　　　　　朝曇天氣
九月六日　　　　　　　　　西風
本家弥介東京へ出立仕候
晴雨　５０

167
一今晩桔光方へ高谷様之
御馳走ニ預呼れ申候泊り申候

十月十七日　未　　　　　　上々天氣
九月七日　　　　　　　　　朝寒し
晴雨　５０　　　　　　　　昼後ゟ
寒暖　６０　　　　　　　　下り風
伊東吉右衛門大津ゟ戻り申候
一〆大神丸鯡白子両方
素平様手代武平様
御越し被成商内出来申候
一沢与方鯡買入舟作りニ
遣し請取候処水景是有
跡見合置申候
一佐渡二見ゟ十月八日出之
書状常宮丸三入舟仕
病氣ニ出合既ニ八日養生
不叶死去致し候趣申来候
直ニ久五郎方へ書状出し申候

十月十八日　申　　　　　　曇天氣
九月八日

168
十月十九日　酉　　　　　　誠上々天氣
九月九日　　　　　　　　　間風
栄宝丸亀次良様臺上ヶ被成
御酒呼れ申候
西栄丸今晩出帆被成候

十月弐十日　戌　　　　　　下り風
九月十日　　　　　　　　　曇天気
　　　　　　　　　　　　　昼後ゟ
　　　　　　　　　　　　　雨ふり申候
西栄丸藤五良様河野舟乗
三国へ御戻し被成候

十月廿一日　亥　誠大西北風
九月十二日　大荒風吹
晴雨夜前ゟ
０６
今日昼後ゟ三井様戎講ニ
呼れ御馳走預り申候事

十月廿二日　子　誠ニ上々天氣
九月十三日　間風ニ
晴雨　６２　相成申候
寒暖　６２
ハせん入

十月廿三日　丑　下り風
九月十四日　暑し
晴雨　２８

169
十月廿四日　寅　夜前ゟ
九月十五日　大雨ふり
ハせん三日目　西風
土用五番

晴雨　４２
５０
今朝ゟ加々吉方ニ而兄佛事
正月明日善妙寺方丈
様ヲ呼此方呼れ申候事

十月廿五日　卯　間風
九月十六日　上々日和
土用六番
ハせん四日目
晴雨　６０
寒暖
今朝傳七殿越中伏木表へ
米應對遣し申候
永厳寺参りうどん呼れ戻送ニ
御酒呑申候事

十月廿六日　辰　上々天氣
九月十七日　間風
晴雨　５８
寒暖　６８

今朝三井方ニ而呼れ申候事

170

一昼後ゟ吉右衛門江刕へ呼れ申候

十月廿七日　巳　　曇天氣
九月十八日　　間風
晴雨　５８　　寒し
寒暖　６０

今朝幸八玉川へ出立致し候處
常宮丸丹生浦へ入舟致直ニ
表壱人参り申候
一明日ハ天四殿ニ神明講勤り申候

十月廿八日　午　　上々天氣
九月十九日　　少し間風
午後四字頃ゟ
晴雨　５６　　下り風
夕方　５０
寒暖　６４

天四方へ神明講ニ呼れ申候
一常宮丸舩中両人八字頃ゟ丹生浦へ
参り日和次第ニ乗廻り参候様申遣し候

十月廿九日　未　　夜前曇天
九月廿日　　夜弐字頃ゟ
朝六字　　大雨風跡雨ふり
晴雨２０　　朝六字頃ゟ
０度　　南風雨時化
６度
寒暖６２

幸光市左衛門仲間入組若六方
振舞致し不軽御馳走ニ預り申候

171

十月卅日　庚申　　夜前西風
九月廿一日　　大荒寒し
夜前　　今日大時化は
晴雨０６　　珎敷近年稀
朝３０　　なる荒浪高
寒暖５６　　皆驚入申候
追々天氣計ニ相成

夜前常宮丸入舟致し候事
今朝郵便ニ而古平場所表ゟ

十月十一日出之書状幸得丸㐂平ゟ
送り着仕候十月朔日大時化ニ付
古平廿八艘破船三川港ニハ
四拾艘斗破舟其内長寿丸
取早破致し跡幸得丸無拠
破舟右申来り誠ニ困入申候
右是非無是候事扨金比羅丸
紋助殿江九日箱館表へ乗落し
十二日出書状着仕候
一今日辻半様御越し被成御酒進上仕候

十月三十一日　酉　昨日荒吹候処
　晴雨　５５　夜前ゟなぎ
　６０　大雨ふりニ相成
　寒暖　６２

172
今日常宮丸久次郎殿此度
登り申し候節佐渡二見湊ニ而
十月八日病死致し候間今日
於永厳寺ニ施餓鬼供養
致し舩中始久次良親小宿
両人本郷様此方小供并ニ
長清丸小八凡廿人余り呼れ申候
禮布施共ニ而金五両指上申候

十一月朔日　戌　上々天氣
九月廿三日　間風
　晴雨　６５
　７５
　寒暖　７６
　７８
一　長作様御越し被成尚又
中川㐂右衛門殿御越し被成一処ニ御酒さし上申候

十一月二日　亥　上々天氣
九月廿四日　間風
今日本郷様松原行ニ呼れ申候

十一月三日　子　上々天氣
九月廿五日　間風
天朝節
今昼後長作様へ御酒進上仕申候

173
大坂北与殿一処招キ申候事
今晩桔光方へ一処ニ参り申候

十一月四日　丑　上々天氣
九月廿六日　下り風
晴雨　午後五字頃ゟ
寒暖　雨ふりニ相成
今日中村夘之助様御越し被成
御酒さし上候へ共精進ニ御座候
庄内酒田尾関方へ注文
申遣し候五俵六日ゟ五日迠成□（虫損）
弐千石是又出来兼候へバ
当時相庭ニ而二月切五百石丈
買付致し呉候様申遣し候事

十一月五日　寅　朝雨ふり
九月廿七日　跡漸々天氣
晴雨　間風
寒暖
今日幸八因劦加露湊へ舩置
□□（虫損）遣し申候事
一千歳屋寄合ニ付参候愈
十日之日限ニは酒造道具
其侭付之中間丈入札仕候事
決定ニ相成申候
昼後二字頃吉右衛門大津ゟ帰宅
仕候事
石塚様へ参り申候堀口同道吉光へ

174
十一月六日　夘　上々天氣
九月廿八日　間風
晴雨　西風交り
寒暖　折々曇天氣
今朝米吉三国表へ米買ニ遣し候
一昼後傳七殿越中ゟ帰国仕候事
十月廿九日出立致し十四日目ニ相成申候

十一月七日　辰　右同断
九月廿九日　折々西雲出候
晴雨
寒暖

今昼前長作様御越し被成御酒出し尚又
昼後中川㐂右衛門殿御越し御酒進上仕候
今晩吉右衛門参り蕎麦買酒出し申候事

十一月八日　巳　上々天氣
九月卅日　間風
晴雨
寒暖

吉右衛門小濱表へ出立致し候

十一月九日　午　上々天氣
十月朔日　間風
晴雨
寒暖

今昼時前ニ三吉国より帰宅仕候
米會所ゟ角力へ呼れ申候事

175
十一月十日　未　上々天氣
十月二日　南風
晴雨　３６　折々曇天氣
寒暖　６０

常宮丸昼迠ニ臺揚相済申候

十一月十一日　申　西風折々
晴雨　２８　雨ふり
　３０
寒暖　６０

今朝三吉三国へ金五百両□□□（虫損）
致し参り申候事
一昼後ゟ本家庄太良様東京ゟ
帰国被成鳩原迠道迎家内
一統参り申候而誠ニ御馳走ニ預り申候

十一月十二日　酉　上々天氣
十月四日　西風
晴雨　３２　今晩雨ふり
寒暖　５５　大雨ニ相成
　あられふり

今晩本家へ西師春提様御越し
被成御酒呼れ申候事

十一月十三日　戌　夜前ゟ雨

十月五日　大ふりあられ
晴雨　50　誠寒し
寒暖　56
□□(虫損)永厳寺春提様本家石塚
此方へ参り戻り吉光方へ寄申候
今晩上々天氣ニ相成申候

176
十一月十四日　亥　上々天氣
十月六日　西風

十一月十五日　子　朝下り風
十月七日　曇天氣
晴雨　20　俄昼後
30　西南風ニ相成
寒暖　35　大荒雨ふり
52

十一月十六日　丑　今朝天氣
十月八日　西南風
晴雨　48　朝西方ニ成るトも
42　六字立候

35
28
寒暖　54
56
今朝三国へ三吉戻し遅く候間態々
利八ヲ飛脚ニ遣し申候
右同断今晩帰宅仕候

十一月十七日　寅　今朝西風
十月九日　大荒ニ相成
晴雨　20　夜前上々天氣
寒暖　52

十一月十八日　卯　跡西風折々
十月十日　□(虫損)ふり
晴雨　24
28
30
寒暖　40

52

177 今日は千歳屋方へ寄合致し候而
右通商社并ニ残り持家仲間一統
入札致し是迠入札金千両ニ付
弐百四拾両之割渡しニ相成右之通ニ而取早
除キ候哉又ハ跡へ残り候哉入札致し候処
左之通りニ相成
　除キ入札
山本　西岡　室　磯の　山上　畑守
村田　本郷　那須　〆九軒
　跡へ残り分入札
大和田　中大和田　西大和田　㐂多村□(虫損)
中村　荻原　〆七軒
右人数して買取当年持造酒仕候
一吉右衛門小濱ゟ戻り申候
十一月十九日　辰　上々天氣
十月十一日　間風
晴雨　48
54

寒暖　62
53
小濱河村様御越し被成弥今昼立ニ
被成候趣故櫛貝百匁進上仕候
一千歳屋寄晩方かしわ買酒呑申候
十一月廿日　巳　上々天氣
十月十二日　下り風
晴雨　62
56
寒暖　50
56
吉右衛門京都へ今朝出立仕候
□□□(虫損)様御越し被成上坂被成候哉ニ
□□(虫損)聞候

178 十一月廿一日　午　上々天氣
十月十三日　下り風
晴雨　62　昼後間風
寒暖　56
今朝石塚へ寄夫ニ同道致し木村

方へ参り薄茶呼れ戻り谷口様
昼飯さし上致し此方千歳屋方へ寄
かしわ買御酒夕飯相済申候
十一月廿二日　未　　上々天氣
十月十四日　　間風
晴雨　66　　模様
60　　下り風
寒暖　53　　暑し
今日㐂歳祭ニ一切休日
一今晩三吉三国ゟ戻り申候
十一月廿三日　申　　上々天氣
十月十五日　　下り風
晴雨　60　　誠暑し
62　　昼□(虫損)少しふり
晩　34　　天氣ニ相成
寒暖　62
60
御宮様御供献上仕候戻り候
千歳屋寄晩方迠居御酒呑仕

跡本家へ呼れ十一字迠御酒呼れ申候
十一月廿四日　酉　　雨ふり
十月十六日　　跡天氣ニ相成
晴雨　22　　少し雨ふり
45　　南風少し吹
寒暖　66　　昼後□□(虫損)風
50　　晴向相成申候
179
十一月廿五日　戌　　上々天氣
十月十七日　　間風
晴雨　58
53
寒暖　54
50
今朝小野方へ金子用達申候
昼後中川㐂右衛門殿被参一寸
御酒さし上申候事
十一月廿六日　亥　　朝□□□(虫損)
十月十八日　　昼後大ふり

晴雨　５０　　下り風
　　　４４　　寒し
　　　３６
寒暖　５２
今日永厳寺へ寄合ニ参り御酒呼れ
戻り道ニ桔光方ニ昨晩とめ
養子ニ貰候間親類衆呼
居候処へ呼れ申候不軽酔候

十一月廿七日　子　　夜前ゟ不軽
　十九日　　大荒あられ
晴雨　４０　　ふり甚寒し
　　　４５
寒暖　５０
昼後ニ石塚御越し被成御酒さし上申候

十一月廿八日　丑　　上々天氣
　十月廿日　　寒し
晴雨　５５
　　　５２
寒暖　４６
　　　５２
今朝庄内尾関ゟ米買付不調
書状着来月買付出来次第状
180
差出し申候趣申来り候

十一月廿九日　寅　　右同断
　十月廿一日
晴雨　５２
寒暖　５５

十一月卅日　卯　　夜前ゟ雨ふり
　十月廿二日　　朝ゟ天氣
晴雨　６５　　追々天氣宜敷
　　　６７
寒暖　５２
　　　５４
金比羅丸紋助ゟ書状今日着南分
青盛縣　奥戸港ニ而当月□□（虫損）破舟
致し候趣申来り候誠ニ驚入困り入申候
一夜前御器丸殿考へ為致度

肥物正月は少し下落二月ゟ上向三月中迠
米ハ三月ニ可相成上直段御座候は是ゟ
少しも氣直り二月廿日頃ゟ三月中頃迠
上々直段賣頃ニ相成候様考へ申候

十二月朔日　辰　　上々天氣
十月廿三日
晴雨　70
寒暖　66
今日永厳寺へ寄ニ参り戻り吉光へ
寄泊り申候

十二月二日　巳　　上々天氣
十月廿四日　　下り風
晴雨　54
寒暖　57
今晩ゟ吉光へ行泊り申候事

十二月三日　午　　雨ふり大荒

181

十二月四日　未　　大荒西風
十月廿五（ママ）日　　寒し

十二月五日　申　　上々天氣
十月廿六日　　下り風
今昼後ゟ本家石塚両人
桔光方へ御越し被成下候

十二月六日　酉　　大雨ふり風
十月廿七日　　誠ニ強く相成候

十二月七日　戌　　朝ふり跡ハ
十月廿八日　　天氣ニ相成申候
永厳寺ゟうとん貰請石塚
荻原両（人脱）今晩御し被下候

十二月八日　亥　　上々天氣
十月廿九日
石塚ゟ鴨御持参被下御酒指上申候
一七日㐂兵衛殿佐次良両人戻り
其晩桔光方へ被参候事

十二月九日　子　上々天氣
十一月朔日
桔光とめ出始永厳寺様ゟ
茶飯貰請候

十二月十日　丑　上々天氣
十一月二日　夕方曇天氣
下り風
今朝長清丸知工出雲松江へ
遣し申候事

十二月十一日　寅　朝雨ふり
十一月三日　下り風
182
今日ハ本家春源様両人招
石塚堀口両様招キ候処御越
此方□□（虫損）候濱五㐂多村両人呼
御酒さし上申候事

十二月十二日　卯　夜前夕方
十一月四日　上々天氣
晴雨　４０　今朝天氣
寒暖　５２　少しふり
寒し
あられふり

十二月十三日　辰　今日上々天氣
十一月五日　朝寒し
晴雨　５２　雨ふり昼後
寒暖　４８　天氣ニ相成
５０
今日中村様大坂御戻り被成候
夜前金（比脱）羅丸紋助帰宅仕候

十二月十四日　巳　今日上々天氣
十一月六日　暑し
晴雨　５０　夜前石塚へ
４０　参り御酒呼れ
寒暖　５２　桔光へ泊り申候

十二月十五日　午　今日天氣
十一月七日　跡少しふり

十二月十六日　未　今日上々天氣
十一月八日
幸得丸帰国被致佐次良上坂
長清丸幸八出雲ゟ帰宅
今日若刕新殿従四位様一回忌
佛事永厳寺ニ而今明日勤り
参詣致し市中一体参り申候

183
十二月十七日　申　夜前ゟ
十一月九日　大荒(虫損)□□
寒し

十二月十八日　酉　上々天氣
十一月十日　間風
晴雨　45
寒暖　60
伊東吉右衛門今日昼頃江刕出立仕候

十二月十九日　右同断
十一月十一日　下り風
上々天氣

十二月廿日　右同断
十一月十二日　昼後雨ふり

十二月廿一日　上々天氣
十一月十三日　今晩大雨ふり

十二月廿二日　大雨ふり
十一月十四日　西風強く
晴雨　55
寒暖　48

十二月廿三日　上々天氣
十一月十五日　間風
晩方　80
寒暖　50

十二月廿四日　上々天氣
十一月十六日　間風
晴雨　62　寒し

40　　　昼後ゟ
寒暖　46　　雨ふり
52

十二月廿五日　　雨ふり
十一月十七日　　晩方雨ふり
晴雨32

184
22　　六字頃ゟ
寒暖　54　　天氣ニ相成
［（虫損）］惣吉様御越し被成
一寸御酒さし上申候事
一木光方へ米壱俵為持遣し申候
一幸栄丸治兵衛様御預り荷物
直ハ□□（虫損）百拾八□（虫損）鯡百拾包

十二月廿六日　　夜前ゟ上々
十一月十八日　　天氣之処
晴雨　42　　九字頃雨ふり
48　　暑し
寒暖　50

52
今晩餅搗致し小方はなし
愛宕音松津音幸八船中親一人
跡ハ昌（ママ）内之者斗ニ而相済申候

十二月廿七日　　曇天氣
十一月十九日　　雨なし
晴雨　40
32
寒暖　50
大坂北与殿今朝出立致し此便ニ
年頭暦頼遣し候事
一今日本郷様へふとり蔵置候所
［（虫損）］拾五両蔵敷賃相對

185
十二月廿八日　　上々天氣之処
十一月廿日　　雨ふりニ相成
晴雨　42　　昼後雪ふり
寒暖　44
今日昼後吉右衛門江刕ゟ戻り申候

十二月廿九日　上々天氣
十一月廿一日　夜前少し
晴雨　６３　雪ふり
寒暖　４７

186（白紙）

187
吉川慶丈殿
一七月三日　晩壱度
一同　四日　昼壱度
一同　五日　昼壱度
一同　六日　昼壱度
一同　七日　同壱度
一同　八日　同壱度
一同　九日　今日休断申候
一同　十日　昼壱度内しけ
一同　十一日　休日
一七月十八日　晩壱度
一同　十九日　晩壱度
一同　廿七日　昼夜弐度
一同　廿八日　弐度
一同　廿九日　朝壱度
一同　卅日　晩弐度
一同　卅一日　昼弐度
一同　　昼壱度
〆廿壱度
壱度五百文も也
七月廿一日相渡

188
㊉五百両
代百六拾八両也
㊉十七両　幸若六久〇
代弐両壱分　拾匁弐歩
田川　弐両　久〇
代弐両かし
㊉三十五両　三〇
代壱〆〇五拾匁
〆百八拾弐両壱分
拾せん
長濱殿
一十月十五日晩　壱度
一　十六日昼　壱度

一　十七日晩　壱度
一　十八日昼　壱度
一　十九日昼　壱度
一　廿日昼　壱度
一　廿一日昼　壱度
一　廿二日昼　弐度

189
一　廿三日休日　同
おとめ
大坂戻り
一先達御戻り之節　壱度
一四月廿六日　晩　泊方
一同　廿七日　朝　壱度
一四月廿七日　晩　壱度
一四月廿八日　泊り候へ共なしニ
戻り申候
一六月十三日　泊り　壱度
一六月十四日　朝　壱度
一同　晩　壱度
一同　十六日　朝　壱度
一七月十日　晩　此方
一同　十一日　朝　しげ斗

190
久印
一㊉廿八両　三三六
代九百四拾匁
一百四両壱分
代五百拾五匁
〆拾四両弐分
五百文
㊉百八拾八両
代六拾弐両
源角殿
一四月十五日　壱度
一四月廿六日　壱度
一六月十三日　朝
一同　十五日　朝
相済
一九月十七日　此方　家内両人弐度
一八月八日　此方斗　壱度
一同　十九日　家内　壱度

編集後記

本書に掲載した大和田荘（庄）兵衛の日記は、坂東佳子学芸員の解題の注（4）に紹介されているように、安政三年、明治三年、明治七年については、敦賀（女子）短期大学多仁演習記録に翻刻していました。今回はこれを基に修正して加えました。また、敦賀市立博物館研究紀要に、坂東佳子学芸員が明治八年と九年を翻刻掲載しています。新出の慶応二年と明治七年の日記について、翻刻作業には、敦賀（女子）短期大学日本史学科卒業生および若狭路の市民、賛同された方々を加えて、ボランティア参加していただいて成立しました。中には翻刻の提出が間に合わなかった方もいらっしゃいました。難読な史料でコロナ禍でストレスを増幅させてしまったこともあったのではないかと危惧しています。ここに、参加の意思を示していただけた方も含めて、ご協力いただいた方々のお名前を掲載して、感謝の意を表します。

〈敦賀女子短期大学および敦賀短期大学日本史学科卒業生〉

野々宮愛子（青森県）　伊藤美緒（秋田県）　佐野かおり（栃木県）　木本雪佳（茨城県）　黒須玉衣（埼玉県）
清水美雪（埼玉県）　齊藤さやか（東京都）　鈴木美和（神奈川県）　光山玲子（神奈川県）　奈良里恵加（山梨県）
小堀幸恵（長野県）　小出洋美（長野県）　小川綾子（静岡県）　青山幸子（静岡県）　山梨暁子（静岡県）
浦畑奈津子（富山県）　多仁郁名子（福井県）　安井杏子（福井県）　幡谷賢三（福井県）　高見澤太基（京都府）
本多智絵（愛媛県）

〈市民参加の方々〉

石地　優（福井県）　岡本潔和（福井県）　石倉康治（福井県）　寺川　徹（福井県）　松崎眞理（福井県）
宮田奏枝（福井県）　村中早苗（福井県）　工藤雄一郎（静岡県）　堀井靖枝（滋賀県）

引き続いて。続刊の翻刻を引き受けてくれている方たちもいます。若狭路文化研究所では、今後も地域の古文書の翻刻を進めていく所存です。これに懲りずに翻刻作業にまた参加していただければありがたいです。また、コロナ流行下で広がったオンラインによる会議や学習システムを活用しての古文書解読のための仕組みづくりも、課題はありますが、実施を具体的に検討しなければならないと考えています。

古文書解読とは別に、若狭路文化研究所の講座と実習が、美浜町歴史文化館から you tube 動画で発信されています。ご覧いただければ幸いです。

百二十戸ばかりの米作りと漁業の福井県美浜町菅浜《すがはま》集落の高台にある、廃校となった小学校に間借りした若狭路文化研究所は、若狭湾を見下ろす位置にあります。豊かな田んぼと集落の屋根の上の海を隔てて、朝倉氏と対峙した若狭国人衆の拠点であった国吉《くによし》城址が正面に見えます。海岸からは常神《つねがみ》半島の向こうに丹後半島が望めます。交通手段は便利とは言えませんが、敦賀駅から白木行きのバス、美浜町のコミュニティバスが利用できます。敦賀駅からは道路が整備されたので、国道27号バイパス経由で三十分以内で着くようになりました。機会があればぜひお訪ねください。

本書の発売元を引き受けてくれた岩田書院社長の岩田博さんは、私の母校の一学年下の同門。岩田書院は歴史民俗学関係の専門書を多数出版している有名な「ひとり出版社」の社長です。発売元をお願いする電話をした際には、岩田書院はいつまで持つかわからないけどいいの、と言われましたが、それはこちらも同じ。お互いに七十代となり、一九七〇年代という変革の時代を経験して今日がある。物ではなく人の関係を軸に歴史を研究してきた私が、大正時代の火災を経験して、日本で一番小さな生協を軸に暮らしを成り立たせてきた菅浜という集落に終の研究所を置いたことを考えれば、岩田さんのところで引き受けていただいたことは、同志であり、若狭路文化研究会の会長でもあった金田久璋さんの本を出してもらっていることもあり、必然とも言えるだろうと勝手に思っています。

若狭路文化研究所は、菅浜をはじめとする美浜町のご支援、公益財団法人げんでんふれあい福井財団のご援助を受けて、少しづつではありますが活動の幅を広げつつあります。本書の成立に、皆さんの力を得られたことを励みとして、今後の活動に活かして行きたいと思います

二〇二一年三月

若狭路文化研究所々長　多 仁 照 廣

若狭路文化叢書　第16集

敦賀湊北前船主《つるがみなときたまえせんしゅ》 大和田日記《おおわだにっき》 —安政・慶応・明治

2021年3月31日 発行

編集・発行………若狭路文化研究所
〒917-0241　福井県三方郡菅浜79-8-2
監　　修………多仁 照廣（たに てるひろ）
解題・校訂………坂東 佳子（ばんどう よしこ）
協　　賛………（公財）げんでんふれあい福井財団
〒914-0051　福井県敦賀市本町2丁目9－16
電話 0770-21-0291
制　　作………山本編集室
〒918-8013　福井県福井市花堂東1丁目4－15
電話 0776-34-7178　FAX 0776-50-1663

発 売 元………有限会社 岩田書院
〒157-0062　東京都世田谷区南烏山4－25－6－103
電話 03-3326-3757　FAX 03-3326-6788
http://www.iwata-shoin.co.jp

ISBN978-4-86602-815-6 C3321

若狭路文化研究会の本

若狭路文化叢書　第一集
影印本
福井県神社明細帳
―敦賀郡・三方郡・遠敷郡・大飯郡―
A4判　524頁
頒価

若狭路文化叢書　第二集
若州良民伝
B5判　376頁
頒価

若狭路文化叢書　第三集
錦　耕三遺稿集Ⅰ・別冊
若狭路の祭りと芸能
A5判　550頁
別冊155頁
頒価

若狭路文化叢書　第四集
錦　耕三遺稿集Ⅱ
若狭路の暮らしと民俗
A5判　531頁
頒価

若狭路文化叢書　第五集
福井県三方郡編
若狭路の民話
田中文雅 編著
B5判　304頁
頒価

若狭路文化叢書　第六集
岡田孝雄遺稿集
近世若狭湾の海村と地域社会
A5判　456頁
頒価

若狭路文化叢書　第七集
影印本
滋賀県物産誌
―首巻・敦賀郡―
B5判　396頁
頒価

若狭路文化叢書　第八集
影印本
滋賀県物産誌
―三方郡―
B5判　272頁
頒価

若狭路文化叢書　第九集
影印本
滋賀県物産誌
―大飯郡―
B5判　308頁
頒価

若狭路文化叢書　第十集
島山神社社記
大島村漁業組合沿革誌
大谷信雄 著
A5判　198頁
頒価

若狭路文化叢書　第十一集
若狭湾沿岸の
産小屋資料集成
A5判　356頁
頒価

若狭路文化叢書　第十二集
水戸天狗党敦賀関係史料
A5判　370頁
頒価

若狭路文化叢書　第十三集
福井県のまつり
健康と諸願成就を祈る庚申さん
A4判　144頁
頒価

若狭路文化叢書　第十四集
影印本　氣比宮社記（上巻）
A4判　340頁
頒価

若狭路文化叢書　第十五集
影印本　氣比宮社記（下巻）
A4判　380頁
頒価